성장을 꿈꾸는 너에게

열심이 답이 아닐 때 읽는 책

성장을 꿈꾸는
너에게

열심이
답이
아닐 때
읽는 책

이지수 지음

오월구일

들어가며

<실리콘밸리에서 온 편지>에서
<성장을 꿈꾸는 너에게>까지

많은 사람들이 내게 성공의 비결을 묻는다. 시간 관리법과 같은 실용적인 질문부터 인생을 살면서 얻은 깨달음과 같은 철학적인 질문까지 다양하다. 나는 젊은 시절 루소와 베이컨, 슈테판 츠바이크, 로맹 롤랑, 루쉰, 량스치우, 주쯔칭, 저우궈핑 등의 글을 읽으며 많은 깨달음을 얻었다. 그들은 알게 모르게 수많은 인생의 지혜를 깨닫게 해줬고 미래를 고민하던 내게 많은 영향을 미쳤다. 사회에 나가서는 저명한 학자, 경영인, 문화인 등 세계적인 인재들과 교류하며 그들의 사고방식에 영향을 받았다.

오래 전부터 기회가 된다면 나의 경험과 생각들을 많은 사람과 공유하고 싶었다. 하지만 기회는 쉽게 오지 않았다. 여섯 권의 책을 쓰기는 했지만 모두 역사 혹은 과학기술을 주제로 객관적인 사실이나 현상에 대해 분석한 내용을 서술한 것일 뿐 개인적인 관점이 담긴 책은 아니었다.

그러던 어느 날, 한 지식 공유 플랫폼을 통해 그동안 원했던 기회를 얻을 수 있었다. 뤄지쓰웨이의 창립자 뤄전위 선생과 CEO인 터부화 여사 그리고 여러 직원들의 많은 격려와 도움을 받아 드디어 더따오라는 앱에 <실리콘밸리에서 온 편지>라는 정기 칼럼을 연재하게 된 것이다. <실리콘밸리에서 온 편지>는 내가 보고 듣고 생각한 모든 것에 관한 글이었다. 워낙 주제가 다양하고 뒤죽박죽 섞여 있다 보니 나중에는 더따오 직원들이 나서서 주제별로 글을 정리해 각각의 모듈을 만들어 주었고 매주 한 가지 주제에 관해 다섯 편의 글을 올릴 수 있게 되었다. 이후 <실리콘밸리에서 온 편지>는 더따오의 효율적인 운영에 힘입어 구독자 수가 8만 명까지 늘어났다. 구독자들은 학생부터 직장인, 학부모, 기업의 임원까지 굉장히 다양한 연령대와 직업을 가진 사람들이었다. 나는 구독자들과 활발히 교류했고 그 과정에서 많은 것을 느끼고 배울 수 있었다.

독자들의 피드백을 받으면서 나는 사람들의 고민이 비슷비슷하다는 사실을 알게 되었다. 뤄지쓰웨이, 중신출판사, 창징연구소와 함께 독자들이 주로 관심 있어 하는 주제의 글들을 추려냈고 이를 토대로 부족한 내용을 보충해 이 책을 만들었다. 간단히 말하면 이 책은 내가 직장 생활을 할 때의 경험과 기타 인생의 여러 가지 경험의 총체이며, 나의 시각으로 바라본 세상에 관한 이야기다.

이 책의 큰 주제는 '개인의 성장'이다. 조금 먼저 삶을 살아가고 있는 인생의 선배로서 지금껏 경험하고 느껴온 바를 이제 막 자신의 운명을 만들어 가기 시작한 젊은 친구들과 공유하고자 한다.

먼저 PART1에서는 직장이라는 가장 현실적인 삶의 터전에서 겪는 문제들에 관한 경험을 나눌 것이다. 구글, 텐센트 등을 거치며 터득한 직장 생활의 핵심부터 일을 대하는 태도, 자신의 의견을 성공적으로 전달하는 구체적인 기술 등을 담았다.

PART2에서는 직장에서 한 걸음 더 나아가 경영과 투자에 관한 이야기를 해보고자 한다. 실리콘밸리 벤처 투자자로서 수많은 기업의 흥망성쇠를 지켜보았고, 실제로 많은 투자 경험을 쌓았다. 이를 통해 얻게 된 상업의 본질에 관한 통찰과 투자 노하우, 래리 페이지, 워런 버핏 등 성공한 대가들의 에피소드도 함께 다뤘다. 창업을 꿈꾸거나 투자를 하고자 하는 친구들에게 특히 도움이 될 것이다.

마지막으로 PART3에서는 어쩌면 젊은 친구들에게 가장 와 닿지 않겠지만, 가장 하고 싶은 이야기인 인생을 바라보는 관점과 어떻게 하면 멋지고 근사한 인생을 살 수 있는지에 대한 생각을 나누고자 한다.

<실리콘밸리에서 온 편지>가 워낙 독립적인 시각을 강조한 칼럼이기 때문에 내가 문제를 생각하는 방식도 제한적일 수 있다. 이 책은 나의 부족함이 많이 담긴 책이다. 혹시 그런 점을 발견한다면 너그럽게 용서하고 고쳐주기를 바란다. 이 책을 통해 인생에

관한 나의 생각을 전달했으니 독자들의 생각도 남겨주기를 기대한다.

이 책을 통해 운명을 결정하는 요소들이 무엇인지 알고, 좋은 운명을 만들어 나간 사람들의 사고방식을 이해한다면 편협한 사고와 행동에서 벗어나 더 나은 삶을 만들어 나갈 수 있을 것이다. 어떤 일을 하든 좋은 사고방식을 갖고, 효과적으로 일하는 방법을 이해한다면 누구나 성공할 수 있다. 건승을 빈다!

- 우진

성장을

꿈꾸는

너에게

목
차

PART 2
투자와 경영

PART 1

일과
직장

1장
직장이라는 사회

"첫 직장은 매우 중요한 곳이다. 그곳이 어떤 곳이
고, 어떤 성과를 거두느냐에 따라 앞으로의 커리어가
결정되기 때문이다. 그런데 많은 젊은이들이 첫 직장
을 고를 때 연봉만 보고 가치를 판단하는 우를 범하
기도 한다."

첫 직장
선택하는 법

취업준비생이 면접에 통과해 회사로부터 합격통지서를 받으면 그때부터 가장 관심을 갖는 것이 바로 월급일 것이다. 나는 구글, 텐센트 등 회사에서 오랫동안 일하면서 여러 사람들을 채용해봤다. 여기서는 내가 직접 경험한 구글의 인재 채용 철학을 공유하고자 한다.

우선, 회사에서 중요한 직책의 사람을 뽑을 때는 무조건 업계 평균 연봉의 두 배 이상을 부른다. 단순해 보이지만 이렇게 하면 회사는 당연히 업계 최고의 인재를 영입할 수 있다. 현재 내가 운영하고 있는 회사의 회계사와 변호사를 고용할 때에도 이 방법을 사용했는데 업계 평균 수준의 두 배 높은 연봉을 제시했더니 최고로 우수하고 성실한 사람을 고용할 수 있었다. 그때 고용한 회계사와 변호사는 나와 10년 넘게 함께 일하고 있고 지금까지도 굉장히 만족한다. 구글뿐만 아니라 텐센트에서도 이러한 방법으로 업계 최고의 인재들을 고용한다. 그리고 이렇게 고용된 인재들은 평범한 사람들이 만들어 내지 못하는 기적을 창조한다.

2004년 구글은 번역기를 만들려고 준비 중이었다. 당시 언어식별을 담당하고 있던 알렉스 프란츠와 나는 이 분야에 아무런 우위도 없는 상태에서 처음부터 연구를 시작하면 IBM 등 경쟁사를 절대 뛰어넘지 못할 것이라고 생각했다. 그러면 어떻게 해야 할까? 우리는 함께 고민하기 시작했다. 과연 이 분야의 세계 최고는 누구일까? 그 사람은 바로 서던캘리포니아대학교의 프란츠 오크 교수였다. 세계 최고의 인재를 찾은 다음부터는 일이 원만하게 풀리기 시작했다. 우리는 오크 교수에게 그가 희망하는 연봉보다 훨씬 높은 금액의 연봉패키지월급, 인센티브, 복지, 주식 등 포함를 제시했고 구글로 온다면 책임자의 자리를 주겠다고 약속했다. 이 제안에 오크 교수는 교수직을 포기하고 당시 몇천 명 규모에 불과했던 구글에 합류했다. 우리는 오크 교수가 남은 학기 강의를 모두 마치고 회사로 들어올 수 있도록 장기 휴가를 제공하기도 했다. 세상을 변화시킨 구글의 역작들은 모두 이렇게 탄생했다. 그리고 나는 이러한 성공 비결이 역설적으로 '닭 잡는데 소 잡는 칼을 쓴 것'에 있다고 생각한다. 오늘날 알리바바 등의 기업들도 구글의 방식을 그대로 따라하고 있다.

중요한 직책일수록 일류를 영입하느냐 삼류를 영입하느냐에 따라 결과에 큰 차이가 있다. 일류 인재를 고용해서 오랫동안 안심하고 일하게 하려면 그에게 기대 이상의 대우를 해주면 된다. 그러나 한 회사에 이렇게 중요한 직책은 몇 개 없다. 대부분의 직장인들은 평균 수준의 대우를 받거나 때로는 심지어 경쟁사보다 적게 받을 때도 있다. 일반 직원들은 차별하는 것이냐고 따지고 싶은 사람도 있을 것이다. 그러나 절대 그런 것은 아니다. 비록 더 높은 연봉을 받지는 못하지만 대신 젊은 직원들에게는 더 큰 성장의 기회가 주어진다. 정말로 뜻이 있는 사람은 후자를 더 중요하게 생각한다. 첫 번째 직장을 고를 때도 바로 이 점을 가장 중요하게 생각해야 한다.

첫 번째 직장에서 받은 월급으로 부자가 되는 사람은 없다. 이점을 인지했다면 첫 번째 직장에서 20% 정도를 더 받고, 덜 받는것이 큰 의미가 없다. 이 단계에서는 버는 만큼 또 쓰게 되기 때문이다. 이해하기 쉽게 간단한 예를 들어보자.

중국 명문 대학교에서 석사 과정까지 졸업하고 베이징의 가장좋은 회사에 들어간 사람이 일 년에 연봉을 30만 위안_{한화 약 5,000}_{만 원} 받으면 굉장히 훌륭한 것이다. 그러나 만약 베이징 시내에 집이라도 사려면 이 정도 연봉으로는 어림도 없다. 30만 위안이 많은돈 같지만 여기에서 세금과 공과금 등을 제하고 나면 1/5은 금방 사라진다. 또 이중에서 월세와 식비가 1/5 정도를 차지하고, 데이트 비용과 유흥비, 각종 선물 비용으로 1/5이 더 들어갈 것이다. 게다가 명절 때마다 부모님께 용돈을 드리고 소소한 취미 생활이라도 한다면 여기에서 다시 10% 정도 돈이 더 들어간다. 이 비용을 모두 계산해보면 일 년에 모을 수 있는 돈은 4~5만 위안 정도다. 그럼 만약 같은 업계에 비슷한 일을 하는 회사인데 연봉을 5만 위안 더 주겠다는 곳이 있다고 치자. 과연 이 직장을 선택한다고 5만 위안 중 세금을 제외한 금액을 모두 저축할 수 있을까? 아마 그럴 수 없을 것이다. 돈이 더 생긴 만큼 월세가 더 비싼 집을 구할 것이고, 씀씀이도 커질 것이다. 돈을 아끼고 아껴서 더 많이 모은다고 해도 매년 7~8만 위안이 최대고, 그래봤자 베이징의 평범한 지역 아파트 한 평 가격도 안 되는 금액이다. 게다가 집값 상승 속도는 월급이 오르는 속도보다 훨씬 빠르다. 그러니 16년 동안 열심히 공부해서 명문대를 졸업하고 좋은 직장에 들어가 나름 잘 나간다고 으스대도 평생 내 집 한 채 갖기 힘든 것이 현실이다. 비단 중국만 그런 것은 아니다. 실리콘밸리도 마찬가지다. 전체 인구의 약 10% 정도만이 좋은 지역에 자신의 집을 갖고 있고 스탠퍼드, 버클리 등 유명 대학을 졸업한 사람 중에 마흔이 넘도록 세를 들어 사는 사람들이 수두룩하다.

그렇기 때문에 첫 번째 직장이 정말 중요하다. 첫 번째 직장을 잘 구해야 10년 후 같은 학교를 졸업한 동기들 혹은 같은 연령대의 친구들보다 3~5배 더 많은 돈을 벌 수 있고 내 집 마련의 꿈도 이룰 수 있다. 첫 번째 직장은 나를 빠르게 성장시켜주고 좋은 업무 습관을 기를 수 있도록 해주며 단시간에 산업 전체를 파악할 수 있는 곳이어야 한다. 그리고 스스로도 첫 번째 직장을 통해 최대한 많이 성장하려고 노력해야 한다.

IT업계에 종사하는 엔지니어의 경우를 살펴보자. 대학을 졸업하고 곧바로 구글이나 마이크로소프트에 취직한 사람은 배울 의지만 있다면 3년 후에는 대부분 훌륭한 엔지니어로 성장한다. 반면 바이두, 텐센트, 알리바바에 들어간 사람은 상대적으로 성장 속도가 많이 떨어진다. 그 이유는 전자는 인재 양성을 중요하게 생각하지만 후자는 그렇지 않기 때문이다. 그래서 3년 후 마이크로소프트에서 알리바바 등의 회사로 이직하는 사람은 굉장히 높은 연봉을 받게 되고, 이로써 비슷한 연령대의 동기들보다 두 배 많은 돈을 벌 수 있게 된다. 물론 첫 직장 이후 이직할 때도 성장이 목표여야지 단지 연봉이 20% 많다는 이유로 선택해서는 안 된다. 알리바바의 경우 인재 양성에는 조금 소홀하지만 업무 성과를 굉장히 중요하게 생각하기 때문에 두세 번째 직장으로 선택해 열린 마음으로 배우고자 하는 의지를 불태운다면 3년 동안 빠르게 발전할 수 있다. 그리고 이와 같은 태도로 10년을 일한다면 목표한 대로 동기들보다 3~5배 많은 연봉을 받을 수 있을 것이다.

만약 충분히 노력하고 여기에 운까지 따른다면 회사에서 두 배 더 많은 연봉을 주고 모셔가는 사람이 될 수도 있다. 자신의 커리어를 통해 부자가 되는 사람은 바로 이런 사람들이다. 이런 사람들은 창업을 해도 성공할 가능성이 높다.

물론 내가 지금까지 이야기한 회사나 대학교는 꿈도 꾸지 못하는 사람들도 많을 것이다. 이런 사람들은 어떻게 해야 할까? 누구나 자신만의 출발선이 있다. 나와 내 자신을 비교하든 나와 비슷한 조건의 사람들과 비교하든 중요한 건 몇 년 후에는 한 단계 더 발전해 있어야 한다는 것이다.

첫 번째 직장이 연봉은 다른 곳보다 많은 것 같지만 아무것도 배울 수 없고 아무런 기회도 찾을 수 없는 곳이라면 10년을 일해도 여전히 제자리걸음만 하고 있을 것이다. 텐센트에서 직원 면접을 볼 때 명문대를 졸업하고 다른 직장에서 일하다가 온 사람들을 보면 이제 막 대학을 졸업한 사람들과 별반 차이가 없고 오히려 나쁜 습관만 잔뜩 들어 있는 경우가 많았다. 구글에 있을 때도 이런 상황이 종종 있었다. 면접을 봐서 괜찮아 보이는 지원자에게 적정한 연봉을 제시했는데 거절하고 다른 회사로 가 버리는 경우다. 그들은 대부분 3~4년 뒤에 다시 찾아와 면접을 봤다. 그들에게 왜 당초 구글에 들어오지 않았냐고 물으면 대부분 야후나 마이크로소프트에서 연봉을 20% 정도 더 줬기 때문이라고 대답했다. 그렇게 구글에 입사한 직원들은 자신의 동기들보다 직급이 한 단계 낮았다. 미국에서는 일반적으로 중요한 승진 기회가 평생 한두 번 밖에 주어지지 않는다. 특히 구글 같은 대기업에서는 많아야 한 번이다. 그러므로 졸업 후 초반 몇 년 동안은 동기들보다 더 많은 돈을 벌었을지 몰라도 결국 그들보다 직급이 낮으면 아무 소용이 없다. 게다가 첫 번째 직장에서 이미 나쁜 업무 습관이 생겼다면 평생의 발전에 악영향을 미칠 것이다.

마지막으로 만약 연봉은 조금 적지만 발전의 기회가 많은 회사로 너무 많은 사람들이 몰리면 어떻게 하냐고 묻고 싶은 독자들도 있을 것이다. 하지만 이 점은 걱정하지 않아도 된다. 중국에서든 미국에서든 여전히 개인의 발전보다는 20% 많은 연봉을 선택하는 사람들이 더 많다. 그러니 스스로 발전하고자 하는 의지만 있다면 기회는 언제든 있다.

커리어에도
급이 있다

<실리콘밸리에서 온 편지> 칼럼을 연재할 때 커리어의 발전에 관한 이야기를 여러 차례 했었다. 그때마다 많은 독자들이 피드백을 보내줬는데 메일을 읽다 보니 여러 사람이 비슷하게 고민하고 있는 문제들이 눈에 보였다. 예를 들면 다음과 같은 문제다.

"교수님 안녕하세요. 저는 현재 엔지니어로 일하고 있습니다. 저는 제 전공을 좋아하고 앞으로 더 전문적으로 발전시키고 싶습니다. 그런데 만약 오랫동안 기술을 연마했는데도 회사에서 승진을 하지 못하면 어떻게 하나요."

내게 편지를 보낸 독자들은 대부분 현재 위치에서 더 위로 올라가기 위해 노력했고, 그중에는 몇 년을 일해도 제자리인 것 같다며 고민하는 사람들도 많았다. 그들은 자신의 일을 포기하고 싶지 않지만 회사에서 더 높은 자리에 오르지 못하면 더 이상 발전 가능성이 없다고 생각했다. 또 어떤 사람들은 외국에서는 엔지니어에 대한 대우가 정말 좋은데 자기 회사에서는 가치를 인정해주지 않는다며 제도적인 문제를 꼬집기도 했다. 이러한 문제에 관해 함께 이야기를 나눠보려고 한다.

먼저 전문가에 대한 평가 체계를 알아보자. 이 체계는 내가 고

안한 것은 아니고 구소련의 유명한 물리학자 레프 란다우가 발명한 것이다.

란다우는 평생 세 가지 공헌을 했다. 첫 번째는 과학자로서 액체 헬륨 이론으로 노벨상을 수상했고 두 번째는 교육자로서 물리학 입문자를 위한 '이론기초theoretical minimum' 프로그램을 개발했다. 이 프로그램은 마치 게임처럼 단계가 높아질수록 점점 더 어려운 문제로 구성되어 있는데 물리학자들은 이 프로그램을 통해 자신의 수준이 어느 정도인지 확인할 수 있었다. 마지막으로 란다우는 물리학자들을 능력과 기여도에 따라 구분하는 등급 체계를 만들었다.

란다우의 이론에 따르면 물리학자를 5개 등급으로 나눌 수 있다. 1등급이 가장 높고 5등급이 가장 낮으며 각 등급별 능력과 기여도의 차이는 10배다. 그는 1등급에 닐스 보어, 폴 디랙 등 세계적인 물리학 대가 십여 명을 포함시켰고 2등급에 전 세계의 우수한 물리학자 수십 명 정도를 포함시켰다. 란다우는 자신을 2.5등급에 포함시켰다가 노벨상을 수상한 이후 1.5등급으로 격상시켰다. 전 세계 모든 물리학자 가운데 란다우로부터 0등급을 받은 유일한 사람이 있는데 그는 바로 아인슈타인이다.

나는 란다우의 등급 체계에 따라 IT업계의 엔지니어들을 5개

등급으로 구분해봤다. 엔지니어뿐만 아니라 다른 분야의 전문가들도 이 등급 체계에 따라 구분할 수 있다. 등급 분류 원칙은 다음 그림과 같다.

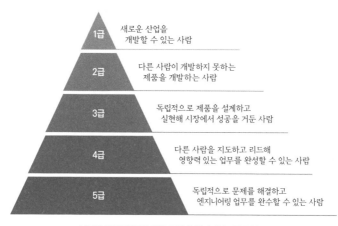

란다우 등급 분류에 따른 IT업계 엔지니어 5등급 분류

먼저, 대학을 졸업하고 일정 기간의 훈련을 거쳐 응용 프로그램을 자유자재로 사용하며 주어진 업무를 무리 없이 수행할 수 있는 엔지니어를 5급 엔지니어로 구분했다. 이를 조금 더 구체적으로 이야기해보자. 예를 들어 어떤 사람이 상사로부터 책 쇼핑을 도와주는 프로그램을 개발하라는 지시를 받았다고 치자. 만약 그가 5급 엔지니어라면 우선 사내에 어떤 사람을 찾아가 데이터를 요청해야 하는지, 어떤 개발 툴을 사용해야 하는지, 유저들이 편리하게 사용할 수 있도록 하기 위해서는 프로그램에 어떤 기능이 있어야 하는지 모두 알고 있어야 한다. 만약 이런 일조차 스스로 처리하지 못하면 엔지니어의 자격이 없다고 볼 수 있다.

4급 엔지니어는 리더십과 함께 큰 문제를 여러 개의 작은 문제로 배분할 수 있는 능력이 더 필요하다. 예를 들어 다리를 세운다고 해보자. 원래는 교통 수요에 따라 200년간 사용할 수 있는 대교를 세우려고 했는데, 당장 오갈 수 있는 임시 다리를 짓는 것으로 계획이 변경되었다. 목표가 바뀌었으니 당연히 해결 방안도 달라져야 한다. 4급 엔지니어가 되기 위해서는 이처럼 변화하는 상황에 맞춰 일의 방법과 절차를 유연하게 조정할 수 있는 능력이 있어야 한다. 이러한 능력은 숙련된 코딩 실력만으로는 얻기 힘들다. 많은 사람들이 기회가 부족하다고 한탄하지만 사실 관리자의 입장에서 보면 이처럼 똑똑하고 유능한 엔지니어는 부족하다.

3급 엔지니어는 다른 직원들을 이끌고 회사에 이윤을 남길 수 있어야 한다. 이를 위해서는 시장에 대한 판단 능력과 마케팅 능력도 필요하다. '나는 엔지니어니까 이 제품이 얼마나 유용한지는 잘 모른다'고 하는 것은 무책임한 것이다. 이런 사람은 3급 엔지니어의 자격이 없다. 3급 엔지니어는 엔지니어인 동시에 뛰어난 제품 매니저여야 한다. 3급 엔지니어만 될 수 있어도 이미 충분히 훌륭하며, 다양한 기회를 잡을 수 있다.

2급 엔지니어는 기존에 없던 제품을 만들어 내고 그로 인해 세상을 조금이나마 변화시킬 수 있어야 한다. 예를 들어 베이지광 벤처투자사의 창업자 덩펑 이전에는 진정한 의미의 웹 방화벽이 존재하지 않았다. 그들은 이 설비를 만들고 세계 최대의 방화벽 회사를 성공적으로 설립했으며 이 회사는 인수 직전 시장가치가 20억 달러에 달했다.

1급 엔지니어는 새로운 산업을 창조하는 사람으로 에디슨, 포드, 벨 등이 여기에 속한다.

이처럼 한 단계 올라갈 때마다 요구하는 능력이 많아지는 만큼 영향력과 수입 역시 어마어마하게 올라갈 것이다. 어떤 일을 하든 이 체계를 기억하고 과연 나는 지금 어느 등급에 속하는지 생각해보기를 바란다. 성장에 한계를 느낄 때, 벽에 부딪혔다 느낄 때 훌륭한 이정표가 되어줄 것이다.

직장 생활을 망치는
네 가지 인식

학교를 졸업하고 직장에 들어가면 처음에는 대부분 적응하지 못해 힘든 시기를 보낸다. 학교에서는 일반적으로 성적처럼 기준이 명확하고 계량화할 수 있는 지표를 사용해 우열을 가린다. 대학원에 추천할 수 있는 인원이 학과에 한 명 뿐이라면 기회는 당연히 1등에게 먼저 돌아간다. 만약 추천 인원이 두 명이라면 2등까지도 희망이 있다. 이처럼 정확한 지표가 있으면 누구든 목표를 확실하게 정할 수 있고 결과가 좋지 않더라도 불평하는 사람이 없다.

하지만 막상 직장에 들어가면 이전까지 알고 있던 규칙들이 하나도 적용되지 않는다는 걸 깨닫게 된다. 그렇다고 새로운 규칙이 명확하게 제시되어 있는 것도 아니라 어떻게 해야 할지 막막하기만 하다. 회사는 끊임없는 경쟁이 벌어지는 곳이다. 위로는 상사와의 불찰을 견디고 아래로는 끊임없이 치고 올라오는 후배들을 경계해야 한다. 게다가 잠깐 방심하면 새로운 사람에게 자리를 빼앗길 수도 있고 운이 나쁘면 사내 정치의 희생양이 되기도 한다.

이 장에서는 직장 생활을 하면서 빠지기 쉬운 잘못된 인식에 대해 알아보려고 한다. 잘못된 인식을 피하지 못하면 운이 좋아 한 번은 승진할 수 있어도 결국은 한계에 부딪히게 된다.

잘못된 인식에 대해 논하기 전에 한 가지 배제해야 할 상황이 있다. 바로 일할 가치가 없는 회사에 다니는 경우다. 이런 회사의 관리자들은 대개 아부를 잘하는 직원들만 좋아하고 승진을 시킬 때도 성과보다는 친분을 더 많이 본다. 안타깝지만 이런 회사가 여전히 우리 주변에 존재한다. 내가 잘 아는 한 유명 언론사도 이런 회사 중 하나였는데 중요한 부서의 부서장이 CEO의 친척이었다. 물론 정말 능력이 있는 사람이었다면 상관없겠지만 그녀는 전문 지식이 전혀 없는 사람이었다. 능력 없이 자리에 올랐으면서 일을 제대로 배우려는 노력도 없이 그저 부하 직원들의 아부와 아첨만 즐겼다. 해를 거듭할수록 부서의 성과는 곤두박질치는데 CEO는 아랑곳하지 않고 계속 그녀를 고용했고 결국 회사 전체의 수익까지 하락하게 되었다. 나는 이 회사가 조만간 심각한 재무 위기에 처할 것이라는 걸 예측할 수 있었다. 그래서 이 회사에 다니는 지인에게 어서 다른 길을 찾아보라고 조언했다. 나중에 회사가 망하면 결국 직원들 모두 일자리를 잃게 될 테니 말이다. 멀리 내다볼 줄 아는 사람이라면 이런 회사를 반드시 멀리해야 한다.

요즘 괜찮은 기업들은 아부만 할 줄 아는 직원들이나 친인척 인사를 절대 용인하지 않는다. 그러므로 자신의 운명을 처세에만 맡기지 말고 업무 능력과 성과를 높이는 데 더 많은 노력을 기울여야 한다. 물론 이렇게 반박하는 사람도 있을 것이다.

"저는 업무 능력도 뛰어나고 회사에 많은 기여를 했는데도 불구하고 승진하지 못했어요. 그런데 저보다 훨씬 능력이 떨어지는 동기는 벌써 승진해서 팀장이 되었다니까요."

사실 상사가 생각하는 '유능함'이란 업무 능력에만 국한된 것이 아니라 여러 가지 요소를 종합적으로 평가한 것이다. 그래서 업무 능력이 뛰어나고 많은 기여를 했는데도 불구하고 승진하지 못하는 경우가 생기는 것이다. 그밖에도 요즘은 직원들의 수준이 전반적으로 높아서 대부분 승진 요건을 충족하는 데다가 리더의 자격이 충분한 사람들도 많다. 하지만 높은 자리에 오를 수 있는 사람의 수가 제한적이기 때문에 모두에게 기회가 돌아가지 않는다. 특히 규모가 크고 안정적인 기업일수록 더 그렇다.

이러한 원인들 외에도 승진을 하지 못하거나 승진 속도가 느린 데는 중요한 원인이 한 가지 더 있다. 그것은 바로 다음과 같은 잘못된 인식을 갖고 있기 때문이다.

(1) 일과 직업을 구분하지 못한다

영어에서 일과 직업은 job과 profession이라는 두 단어로 구분되며 의미상 큰 차이가 있다. 일은 우리가 생계를 유지하는 수단이다. 회사에서 일을 내려주면 우리는 그 일을 완수하고 회사로부터 월급과 보너스를 받는다. 반면 직업은 우리가 평생 종사하는 일생의 사업이다. 예를 들어 의사가 자신의 의술을 연마하고 환자들을 치료해 명의로 거듭나는 것, 이것이 바로 직업이다.

회사의 고위 관리자가 되기 위해서는 가장 아래 단계에서부터 차근차근 올라가면서 전문 지식을 쌓고 업계 동향을 파악하며 관리 능력을 키워야 한다. 이러한 노력으로 자신의 전문 분야에서 어떠한 회사든 능수능란하게 관리할 수 있는 능력이 생긴다면 이 것이 바로 직업인 것이다. 만약 직업을 발전시키기 위해 일을 하는 것이라면 선택적으로 일할 필요가 있다. 직업 발전에 도움이 되면 보수가 많든 적든 무조건 해야 하고, 보수는 많지만 직업 발전에 도움이 되지 않고 심지어 방해가 되는 일이라면 가능한 하지 않는 것이 좋다.

직업을 대할 때는 '전문적인 일하기'가 필요하다. 전문적인 일하기란 주어진 업무 목표 달성을 최우선으로 생각하는 것이다. 즉 소통, 회의, 관계 구축, 업무 분배 등 모든 행위의 목적이 목표 달성을 위한 것이어야 한다. 일을 할 때 원활한 업무를 방해하는 요소는 여러 가지다. 그것은 개인적인 능력의 한계일 수도 있고, 원활하지 않은 소통일 수도 있고, 정서적인 불안일 수도 있다. 많은 직장인들이 심리적인 피로를 느끼는 이유도 바로 이러한 방해 요소들 때문이다. 이런 상황에서 얼마나 일을 잘 처리하느냐는 직업적 소양이 얼마나 잘 갖춰져 있는지에 달렸다.

전문가는 일을 할 때 직업을 먼저 고려한다. 그들은 궁극적인 목표가 '직업의 발전'에 있기 때문에 부정적인 감정의 영향을 덜 받고 일을 대충 마무리 짓는 법도 없다. 당신이 전문적으로 일하기 시작하면 동료들도 같은 방식과 태도로 일을 대할 것이다.

(2) 자신을 회사의 주인이 아닌 손님으로 생각한다

주인의식을 가지라는 말이 뻔하게 들릴 수도 있겠지만, 요즘은 주인은커녕 스스로를 잠시 머물다 가는 손님 정도로 생각하는 사람이 많은 것 같다. 오늘날 일의 유동성이 커지면서 사람들은 평균 3~4년마다 이직을 하는 추세다. 특히 대학을 졸업하고 자신이 정말로 원하는 회사에 들어가기 위해 먼저 여러 회사에서 경험을 쌓는 사람들이 많아졌는데 이런 사람들일수록 자신을 손님이라고 생각하는 경향이 크다.

일단 자신이 손님이라는 생각을 하면 반드시 해야 할 일도 못 본 체 지나가게 되고 동료들과도 굳이 좋은 관계를 유지하려고 노력하지 않는다. 비록 지금 다니는 회사가 더 좋은 곳으로 가기 위한 발판에 불과하더라도, 주인의식 없이 일을 하면 경험을 쌓을 수 있는 좋은 기회도 잃고 시간 낭비만 하는 격이 된다. 게다가 이런 마음가짐으로는 동료들에게 나쁜 인상만 남길 뿐이다. 이런 사람들은 직장을 여러 번 바꾼다 한들 중책은 맡지 못할 것이다.

(3) 언어폭력에 성급히 대처한다

직장 생활을 하다 보면 상사나 동료로부터 특별한 이유도 없이 험한 말을 듣는 경우가 있다. 그들은 구체적인 문제를 지적하는 것도 아니고 건설적인 조언을 해주려는 것도 아니고 더욱이 나를 진심으로 도와주려는 마음도 아니다. 우리는 이러한 행위를 언어폭력이라고 부른다.

언어폭력을 행사하는 것은 당연히 잘못된 일이지만 만약 이 문제를 제대로 처리하지 못하면 상처받는 것은 그들이 아니라 자기 자신이다. 언어폭력의 가장 나쁜 점은 상대의 자신감을 떨어트리고 업무에 대한 집중력을 흐트러트린다는 것이다. 언어폭력을 당했을 때 그대로 욕으로 맞받아치거나 구구절절 해명하다 보면 괜히 체력만 소모할 뿐이다. 오히려 그러다가 중요한 업무를 놓치거나 성공의 기회를 잃게 되는 경우가 많다.

진심으로 나를 도와주려는 선한 질책인지 언어폭력인지 구분하는 것은 어렵지 않다. 전자의 경우 질책을 받아들이면 업무에 큰 도움이 되지만 후자의 경우 도움은커녕 오히려 방해만 된다. 그러므로 단순한 언어폭력이라고 판단되면 그때부터는 아무 반응도 보이지 말고 하고 있던 업무를 계속 하면 된다. 이것이야말로 언어폭력을 행사하는 사람에 대한 가장 좋은 대처 방법이다.

무의식적으로 다른 사람에게 언어폭력을 행사하는 사람들도 있다. 그럴 때는 그것이 잘못된 일이라는 걸 그 자리에서 지적해주면 된다. 간혹 나쁜 계략을 꾸미고 일부러 언어폭력을 행사하는 사람들도 있는데 이럴 때는 성급하게 반격하기 보다는 일단 긴장을 해소할 방법을 찾아야 한다. 그리고 일이 어느 정도 정리되고 나면 내가 그들의 언어폭력에 무너지지 않았다는 것을 똑똑히 보여줘야 한다. 구체적인 대응 방법에 관해서는 다시 이야기하도록 하겠다.

(4) 소통을 하지 않는다

어떤 사람들은 자신이 맡은 일을 최대한 빨리 완성하려는 욕심에 혼자 서둘러 일을 끝내버리곤 한다. 다른 사람에게 알려졌을 때 자신과 다른 의견이 나올까 봐 두렵기도 하고 얼른 일을 끝내서 어떻게든 기정사실화 하고 싶은 마음도 있을 것이다. 하지만 모

성장을
꿈꾸는
너에게

39

든 절차를 혼자서 마무리하기는 어렵기 때문에 언젠가는 반드시 알려지기 마련이다. 이런 일이 반복되면 동료들 사이에서 다른 사람을 존중하지 않고 팀워크도 부족한 사람으로 낙인이 찍힐 것이고, 물론 조만간 이 소식은 상사에게도 전해지게 될 것이다.

일을 할 때는 여러 사람에게 알리고 서로 소통하는 것이 좋다. 만약 함께 일하는 사람과 의견이 맞지 않으면 서로 의논해서 의견을 조율하면 되고, 이익을 나눌 것이 있다면 각자의 이익을 확보하면 큰 문제가 되지 않는다. 그러나 다른 사람과 소통하지 않고 독단적으로 일을 처리해버리면 일을 수습하는 데 더 많은 시간과 힘이 들어간다.

그럼 잘못된 인식에 빠지지 않기 위해서는 어떻게 해야 할까? 내 경험에 따르면 다음과 같은 네 가지 방법이 가장 효과적이었다.

(1) 겸손한 마음을 가진다

겸손한 마음을 갖고 있어야만 효과적으로 소통할 수 있고 다른 사람이 의견을 제시했을 때 일에 집중해 다각도로 문제를 생각해 볼 수 있다. 하지만 겸손해야 한다고 해서 일을 할 때 자신의 의견이나 생각을 드러내지 말라는 의미는 아니다. 평소에는 겸손하지만 필요할 때는 날카로운 의견도 제시할 수 있는 사람이 진짜 훌륭한 사람이다.

(2) 올바른 방법으로 언어폭력을 비롯한 직장 내 감정소모에 대처한다

여기에서는 3단계 대처법을 소개하도록 하겠다. 첫 번째 단계는 자기반성이다. 혹시 나도 모르는 실수로 상대방을 화나게 한 건 아닌지, 내가 상황을 너무 예민하게 받아들이는 건 아닌지, 상대방을 너무 나쁜 사람으로 몰아세우는 건 아닌지 곰곰이 생각해봐야 한다. 만약 내 자신의 문제가 아니라 누가 봐도 불공평한 처사였다는 사실을 확인했다면 두 번째 단계는 주변 동료들을 세 부류로 구분하는 것이다. 첫 번째 부류는 이 일과 아무 관계없는 사람들로 대부분의 동료가 여기에 해당한다. 두 번째 부류는 이 문제에서 나의 편에 서 있는 사람들로 이들은 딱히 걱정할 필요가 없다. 세 번째 부류는 내게 폭력을 행사하는 사람들로 신중하게 대처해야 할 이들이다.

마지막 단계는 앞에서 세 번째 부류로 분류한 사람들이 폭력을 행사하는 목적을 확인하는 것이다. 자신의 이익을 위해 폭력을 행사하는 사람들이라면 소통을 통해 타협점을 찾아야 한다. 또 단순히 나에게 적개심을 품고 폭력을 행사하는 사람들과도 먼저 소통의 물꼬를 터야 한다. 이때 소통의 목적은 타협이 아니라 자신의 목소리를 내는 데 있다. 상대방에게 내 생각을 전달하고 그들 스스로 문제를 인식할 수 있도록 해야 한다.

(3) 회사가 아니라 자신의 커리어 발전을 위해 일한다는 사실을 염두에 둔다

직장에서 계속 발전하려면 주판알이 굴러가듯 피동적인 자세로 일해서는 안 된다. 특히 리더가 되고 싶은 사람이라면 더욱이 능동적인 자세로 더 많은 일을 할 수 있어야 한다. 또 다양한 사람들과 교류하면서 동료들을 돕고 자신이 속한 집단에 기여할 수 있어야 한다. 자신이 떠난 자리에 어떤 것들이 남아 있을지 생각하며 일하는 자세가 중요하다.

(4) 장기적인 관점을 가진다

어떤 일이든 2~3년을 기준으로 생각하면 일에 대한 생각과 태도가 완전히 달라진다.

만약 지금 있는 곳이 앞에서 이야기했던 친인척 인사를 감행하고 아부하는 직원들을 좋아하는 회사라면 어떻게 해야 할까? 그곳에서 조금이라도 배울 것이 있다면 경험을 쌓는 차원에서 2년 정도 일하는 것도 나쁘지 않다. 하지만 그런 회사에서도 절대 손님의 자세로 일하면 안 된다. 만약 그 회사가 당신의 발전에 아무런 도움이 되지 않는다면 뒤도 돌아보지 말고 하루 빨리 떠나는 편이 낫다. 공자의 '위방불입, 난방불거危邦不入, 亂邦不居 위험한 곳에는 들어가지 않고 어지러운 곳에는 누울 생각을 하지 않는다'가 바로 이러한 도리를 담고 있는 말이 아닐까.

당신이 더 높이 올라가지
못하는 이유

오늘날 많은 일들이 전문가의 손을 거쳐 완성된다. 영어로 professional이라고 부르는 그들은 의사, 변호사, 엔지니어, 회계사 등 특수한 기술을 가진 사람들을 가리키며 각 분야의 전문성을 바탕으로 한 업무 능력이 가장 중요한 덕목이다. 하지만 업무 능력만 뛰어나면 될 것 같은 그들도 더 높이 올라가기 위해서는 주변 사람들보다 특출한 기타 능력이 필요하다. 이 능력에 대해 설명하기 전에 먼저 그림 하나를 살펴보자.

살바도르 달리 〈링컨〉

당신은 이 그림에서 무엇이 보이는가? 네모 칸들이 보인다고 대답한 사람은 나무만 보고 숲은 보지 못하는 이들이다. 가운데 나체의 여성이 보인다고 대답한 사람은 어떨까? 여성이 보이는 건 맞지만 작가의 주요 의도를 파악한 것은 아니다. 예술에 조예가 있는 독자들이라면 이 작품이 20세기 초현실주의의 대가 살바도르 달리의 <링컨>이라는 사실을 한눈에 알아차렸을 것이다. 아직도 링컨의 모습을 찾지 못했다면 조금 멀찍이 떨어져서 그림을 바라보기를 바란다. 이 작품의 원형이 된 링컨 초상화와 비교한다면 이제 확실히 보일 것이다. 이 작품이 흥미로운 건 그림을 확대하거나 가까이에서 보면 색색의 네모 칸들밖에 보이지 않는다는 것이다. 직장인들이 일을 하면서 가장 많이 저지르는 실수도 바로 이런 것이다. 사물을 너무 가까이에서 본 나머지 큰 그림은 보지 못하고 네모 칸들만 보는 것이다.

나는 얼마 전 있었던 독자들과의 만남에서 많은 젊은 직장인들이 이러한 문제를 갖고 있다는 사실을 발견했다. 그날 인터넷 미디어 분야에 종사하는 한 젊은 엔지니어가 내게 커리어 발전에 관한 질문을 했다. 나는 그의 상황을 조금 더 자세히 이해하기 위해 먼저 이런저런 질문을 했다.

"사람들이 당신 회사 사이트에서 30분짜리 영상을 한 번 볼 때마다 광고비를 얼마나 받나요?"

그러자 그가 웃으며 대답했다.

"저는 엔지니어라 얼마를 받는지 모릅니다."

내가 다시 물었다.

"그럼 회사 컨텐츠의 광고 클릭율은 얼마나 되나요?"

"글쎄요, 그 문제라면 채널 담당자나 사용자를 관리하는 분들이 더 잘 알 것 같은데요. 아니면 광고 제작하시는 분들이…"

이 엔지니어는 단 두 개의 질문에 수많은 문제점을 드러냈다. 먼저 제품을 개발하는 엔지니어로서 회사의 수익이나 광고 등에 대해 숙지하라는 지시가 없었어도 이 정도 기본 지식들은 알고 있어야 한다. 예전에 한 회사의 대표를 만났을 때 같은 질문을 한 적이 있는데 그는 광고비와 클릭율은 물론 전반적인 상황에 대해 정확히 알고 있었다. 회사의 대표니까 당연히 알고 있는 것 아니겠냐고 말하고 싶은 사람도 있을 것이다. 하지만 업계 종사자로서 제품의 기본 수입 현황조차 모른다면 그 사람은 영원히 회사 대표는 될 수 없을 것이다. 어쨌든 제품 개발자로서 자신이 만든 제품의 수익이 얼마인지 모른다는 것은 굉장히 위험하다. 제품이 수익을 내지 못하면 다음과 같은 세 가지 상황이 벌어질 수 있기 때문이다.

첫째, 제품이 폐지되고 다른 부서로 옮겨진다.

둘째, 제품이 폐지되고 회사에서 해고당한다.

셋째, 대표가 선의를 베풀어 손해가 나는 제품을 계속 유지하지만 결국 회사가 막심한 피해를 입고 문을 닫아 실업자가 된다.

어떤 상황이든 좋은 결말은 아니다. 이 엔지니어가 일하는 회사도 위의 세 가지 상황에 직면해 있는 것이나 마찬가지다. 회사의 유일한 제품이 제대로 수익을 내지 못하는데 정작 제품을 개발한 엔지니어들은 이 문제는 나 몰라라 한 채 기술 개발에만 신경을 쓴다. 나중에 해고를 당하거나 다른 부서로 전출당할 때야 비로소 후회를 해보지만 그때는 이미 늦는다. 사실 오래전부터 전조증상은 뚜렷하게 나타났지만 그들만 문제를 보지 못한 것이다.

이 엔지니어의 또 다른 문제점은 질문을 했을 때 어떻게 대답해야 할지 잘 모른다는 것이었다. 그 후로 이어진 기술적인 질문들에도 그는 제대로 된 답변 대신 보통 사람들은 알아듣기 힘든 복잡한 정보들만 늘어놓았다. 그는 분명 내가 대기업에서 온라인 광고 업무를 했었기 때문에 광고효과에 영향을 주는 각종 요소들을 이미 잘 알고 있다는 사실을 알고 있었을 것이다. 그럼에도 불구하고 내가 이미 알고 있는 내용들을 거창하게 설명하는 것은 시간 낭비였고 심지어 진짜 질문에는 답을 하지 못했다.

가장 효과적인 소통 방법은 필요한 답을 먼저 제시하고 그 다음에 설명을 덧붙이는 것이다. 내 질문의 의도는 그의 상황을 이해하기 위함이었으므로, 질문에 대한 답을 할 수 없다면 필요치 않은 장황한 설명 대신 자신의 상황을 구체적으로 이야기했어야 한다. 나는 그의 상황을 이해하기 위해 하는 수 없이 계속 물어야 했고 그는 다 쓴 치약을 억지로 쥐어짜듯 겨우겨우 답했다.

소통을 잘하는 사람은 상대방의 의도를 빠르게 파악해 필요한 정보를 제공한다. 이 엔지니어가 광고 클릭율에 대한 질문에 답을 하지 못한 이유는 조건이나 상황에 따라 클릭율이 달라진다고 생각했기 때문일 것이다. 사실 그의 회사에서 개발하는 제품의 클릭율은 가장 안 좋을 때 0.5~1% 정도이고, 가장 좋을 때도 2%를 넘지 않는다. 이렇게 격차가 크지 않을 때는 0.5~2%라고 대답하면 된다. 나는 그날 상세한 수치를 기대했다기보다는 대략적인 범위를 알고 싶었을 뿐이다. 그러니 그가 1%대라고만 이야기했어도 꽤 괜찮은 답이었을 것이다.

그럼 유독 엔지니어들이 자신의 전문 분야 외에 다른 것들은 잘 모르는 것일까? 사실 위와 같은 문제는 각종 직업군에 흔히 나타난다. 한 회사에서 고문 변호사로 일하는 사람에게 이런 질문을 한 적이 있다.

"요즘 국내에서는 특허 신청부터 승인까지 얼마나 걸리죠?"

그녀의 대답은 이러했다.

"저희가 주로 하는 일은 특허 명세서 작성과 특허 신청이어서요. 승인 기간에 관해서는 정확히 모르겠네요. 상황을 봐야 알겠지만 어떤 건은 굉장히 빨리 승인이 되고, 어떤 건은 자료 보충이 필요하기도 해서 더 지연되기도 해요."

이 대답의 문제는 무엇일까? 유익한 정보가 없는 쓸데없는 말이라는 것이다. 나는 특허 변호사가 특허 신청만 담당하지 특허 승인을 내주는 사람이 아니라는 사실을 당연히 알고 있었다. 그리고 특허 승인 기간이 건마다 다르고, 어떤 특허는 명세서 자료를 보충하느라 승인이 지연될 수도 있다는 사실도 알고 있었다.

나는 이어서 다른 질문을 던졌다.

"그럼 2년 안에 승인이 나는 특허 비율은 얼마나 될까요? 평균 얼마 정도의 기간이 걸리죠? 지금까지 가장 길었을 때는 언제였는지, 이런 것들을 기록에 남기나요?"

그녀에게 돌아온 대답은 다음과 같았다.

"모르겠어요. 저는 특허 신청만 담당하는 사람이라 그런 데이터는 특허청에 가서 여쭤보시는 것이 어떨까요?"

물론 특허청에 가면 통계 자료가 있을 것이다. 하지만 업계에서 오래 일한 변호사라면 이러한 기본적인 데이터 정도는 알고 있어야 한다. 이런 데이터를 모른다고 변호사로서의 자질이 없다는 의미는 아니지만 그동안 특허 신청을 해왔다면 대략 어느 정도인지 감이 있어야 한다. 내가 계속해서 물었다.

"특허청에 있는 데이터 말고 그동안 회사에서 진행한 특허들은 어땠어요? 아니면 당신이 맡았던 건들의 상황만이라도요."

그러자 그녀가 굉장히 난처해하며 말했다.

"어쩌죠. 그런 건 통계를 내본 적이 없어서요."

다른 전문가들과도 이야기를 나눠본 결과 이런 사람들은 어느 직종에나 있었다. 이런 사람들의 문제는 자신이 현재 칠하고 있는 네모 칸만 바라보는 데 있다. 두 발자국만 뒤로 가서 보면 전체적인 그림을 볼 수 있는데도 그러지 않는다. 어떤 때는 눈앞에 있는 네모 칸을 정말 잘 칠했다고 생각해도 뒤로 물러나 큰 그림을 보면 자신의 생각과 방법이 틀렸다는 사실을 깨닫게 된다. 전문성도 뛰어나고 일도 열심히 하는 사람이 더 높이 올라가지 못하는 이유는 바로 이처럼 큰 그림을 보지 못하기 때문이다.

스스로의 한계를
뛰어넘는 방법

사람이 얼마나 멀리 갈 수 있느냐는 여러 가지 요소에 의해 결정된다. 그중에는 스스로 제어할 수 없는 것들도 있다. 예를 들면 출생, 성장 배경, 운, 경제적인 배경 등이 그렇다. 그러나 반대로 스스로 제어할 수 있는 요소들도 있다. 우리가 할 수 있는 일은 스스로 제어할 수 있는 곳에 더 많은 노력을 기울이는 것뿐이다. 단, 이러한 요소들은 개인의 의지가 무엇보다 중요하고 목표를 잘못 정하면 결과가 완전히 달라질 수 있으니 주의해야 한다.

이해를 돕기 위해 중국 전국시대 진나라의 군주였던 진효공과 정치가였던 상앙의 이야기를 해보려고 한다. 상앙은 진효공에게 채용되어 부국강병의 계책을 세우고 여러 방면에 걸친 대 개혁을 단행해, 후일 중국을 통일하고 진제국을 성립하는 기반을 세웠다. 예전에는 '상앙'하면 위대한 개혁가라는 이미지가 강했지만 최근에는 너무 성급하게 개혁을 추진한 것 아니냐는 비판의 목소리도 나오고 있다. 그러나 성급하게 개혁을 추진한 것은 상앙의 의지가 아니라 진효공의 선택이었다. 이어서 상앙이 어떻게 진효공을 설득했는지, 그리고 잘못된 결심이 진나라에 어떤 비극을 가져왔는지, 이를 통해 우리는 어떤 교훈을 얻을 수 있을지 알아보도록 하자.

상앙은 총 세 번에 걸쳐 진효공을 설득했다. 이 내용을 《사기》에서는 이렇게 묘사하고 있다. 상앙은 진효공이 총애하는 경감이라는 신하를 통해 진효공을 만날 수 있었다. 첫 번째 만남에서 상앙은 요, 순, 우, 탕의 제도 정치인의로 나라를 다스리는 제왕의 정도에 관한 이야기를 했다. 그런데 상앙이 한참 이야기하는 동안 진효공은 잠이 들고 말았다. 첫 번째 만남 이후 진효공은 경감에게 누가 저렇게 잘난 척하는 사람을 추천한 것이냐고 크게 화를 냈다.

상앙은 경감에게 이야기를 전해 듣고 한 번만 더 기회를 달라고 청했고 경감은 닷새 후 상앙과 진효공의 두 번째 만남을 주선했다. 이번에 그는 주 문왕과 무왕의 왕도 정치인과 덕을 바탕으로 하는 정치사상에 관한 이야기를 했다. 진효공은 이야기를 꽤 흥미롭게 들었지만 그렇다고 그를 기용할 생각은 없었다. 경감은 진효공의 이러한 생각을 상앙에게 전달했고, 이를 들은 상앙이 말했다.

"이제 무슨 이야기를 해야 할지 확실히 알았으니 다시 한번만 기회를 만들어 주게."

세 번째 만남에서 상앙은 패도 정치무력이나 강압과 같은 물리적 강제력으로 다스리는 정치사상와 오패五霸, 중국 춘추 시대의 제후 가운데서 패업을 이룬 다섯 사람에 관한 이야기를 했다. 진효공은 이야기가 너무 재미있어서 상앙쪽으로 몸을 계속 기울이다가 하마터면 앞으로 고꾸라질 뻔했다. 그 이후 진효공은 며칠 연속 상앙을 불러들였고 결국 상앙을 임용해 변법을 실시하기로 했다.

경감은 이 소식을 듣고 상앙에게 물었다.

"처음부터 대왕의 마음이 부국강병과 패권에 있었다는 걸 알았으면서 왜 제도와 왕도에 대한 이야기를 먼저 한 것인가?"

상앙이 말했다.

"만약 대왕의 경지가 높고 큰 뜻을 품고 계시는데 처음부터 패도에 관한 이야기를 꺼내면 본인을 경시한다 생각하실까 봐 그리 했네."

이후 진효공은 상앙에게 공리적인 성격이 아주 강한 법률을 제정하도록 하고 이를 정치와 군사의 도구로 사용했다. 상앙이 제정한 법률은 단기간에 아주 큰 효과가 나타났지만 그는 이러한 법률이 어떤 부작용을 낳을지도 잘 알고 있었다.

결국 상앙이 예상한 것처럼 진나라는 중국을 통일한 지 20년 만에 멸망했고 이 일로 효공의 종실은 멸족을 당하게 되었다. 진효공이 훗날 자손들에게 닥칠 비극을 알았다면 패도 정치의 길을 선택한 것을 후회했을 것이다.

역사 이야기는 여기까지 하고 다시 현실로 돌아와 보자. 진효공은 단기적인 방법으로 장기적인 목표를 이루려고 했기 때문에 성공하지 못했다. 그런데도 여전히 많은 사람들이 나에게 어떻게 하면 단기적인 방법으로 장기적인 목표를 이룰 수 있는지 묻는다. 예를 들어 어떤 전공을 선택해야 돈을 많이 벌고 하루빨리 성공할 수 있는지 물어보는 사람들이 있는데 이럴 때는 어떻게 대답해야 할지 정말 난감하다. 오랜 시간 안정적으로 발전해 온 산업도 초기에는 많은 투자가 필요하다. 투자도 없이 큰 수익을 얻는 산업은 존재하지 않을 뿐더러 존재한다고 하더라도 아마 경쟁이 너무 치열해서 점점 수익이 떨어지게 될 것이다.

일을 하다 보면 초반에는 노력하는 만큼 성장하는 듯하다가 어느 단계에 올라간 후에는 어떻게 해도 더 이상 앞으로 나아가지 못하고 있다는 생각이 들 때가 있다. 이때가 바로 커리어 발전의 한계에 직면한 순간이다. 이 문제의 해결책은 인문 교육에 있다고 생각한다. 반짝 주목을 받지는 못하지만 묵묵하고 꾸준하게 성장해 가는 사람을 두고 '뒷심이 강하다'라고 표현한다. 그럼 뒷심이 강한 사람과 쉽게 발전의 한계에 부딪히는 사람의 차이는 무엇일까? 뒷심이 강한 사람은 그렇지 못한 사람에 비해 시야가 굉장히 넓다. 이것이 아주 중요한 차이다.

미국에서 취업 초기 수입이 비교적 많은 사람들은 대부분 공과

대학 졸업생들이다. 반면 하버드대학교, 프린스턴대학교 등 명문 대학 인문계열 졸업생들의 초기 수입은 생각보다 적은 편이다. 인문 교육은 당장 써먹을 수 있는 업무 기술이 아니기 때문이다. 하지만 10년 뒤의 수입을 비교해보면 명문 대학 출신으로 양질의 인문 교육을 받은 사람이 수입으로나 사회적 지위로나 훨씬 높은 위치에 있는 경우가 많다. 다시 말해 그들은 커리어 발전의 한계를 깨고 올라온 사람들이다. 앞서 했던 이야기에 비유하자면 대학에서 제도와 왕도를 추구한 사람들이다.

내가 인문 교육의 중요성에 대해 이야기하면 많은 사람들이 중국에는 이런 교육이 별로 없는 것 같다며 부러움과 안타까움을 동시에 표현한다. 그러나 이렇게 말하는 사람들 중에 사실은 이런 교육에 별로 관심 없는 사람이 많다. 그들은 자신의 전문 분야 외의 지식에는 관심이 없고 그런 것들을 배우는 건 그저 시간 낭비라고 믿기 때문이다.

이제는 한 사람이 모든 일을 해결하는 시대는 지나갔다. 자신의 전문 분야 외에도 다양한 지식을 쌓아야만 세상을 바라보는 시야가 넓어지고 다른 사람들과도 원활하게 협력할 수 있으며 더 많은 자원을 이용할 수 있다. 또한 학교든 직장이든 자기가 있는 자리에서 과연 어떤 목표를 세울 것인지에 대해 깊게 고민해봐야 한다. 물론 목표를 세울 때는 너무 낮게 잡아서도 안 된다. 상을 추구하는 사람은 중을 얻고, 중을 추구하는 사람은 하를 얻는다는 말이 있다. 만약 처음부터 중 또는 하를 추구한다면 더 이상 발전 가능성이 없다. 제대로 된 목표를 세우고 책을 읽거나 강의를 듣는 등 끊임없이 공부하자. 그것이 스스로의 한계를 뛰어넘는 유일하고도 완벽한 방법이다.

성장을

꿈꾸는

너에게

2장

일을 대하는 자세

"효율의 높고 낮음은 얼마나 많은 일을 시작했느냐
가 아니라 얼마나 많은 일을 끝냈느냐에 달렸다. 우리
가 반드시 해야 한다고 생각하는 일 중에 사실은 그
리 중요하지 않은 일들도 많다. 이런 것을 거짓 노동이
라고 한다. 그러니 직장에서든 일상생활에서든 일의
효율을 높이기 위해서는 거짓 노동을 경계해야 한다."

거짓 노동을
경계하라

"매일 할 일이 너무 많아요. 해도 해도 끝이 안보이네요."

직장 생활을 하고 있다면 이 말을 많이 하고, 또 들을 것이다. 대기업에서 일하는 사람뿐만 아니라 회사를 창업한 사람이나 규모가 작은 회사에서 일하는 사람도 이러한 문제에서 자유로울 수는 없다. 특히 IT 회사나 금융 회사처럼 발전 속도가 빠른 업계에 종사하는 사람들은 더더욱 그럴 것이다.

강연을 할 때마다 많은 사람들이 어떻게 하면 업무 효율을 높일 수 있는지 묻곤 한다. 사실 효율을 높이는 건 정말 어려운 일이다. 그나마 우리가 시도할 수 있는 가장 쉬운 방법은 지금 하고 있는 일의 양을 줄이는 것이다. 다시 말해 눈앞에 있는 모든 일을 다 하려고 애쓰지 말고 정말 중요한 일을 제외한 나머지를 잠시 뒤로 미룬다. 여기에서는 구글, 페이스북 등의 기업이 업무 효율을 높이기 위해 사용하는 방법을 소개하려고 한다.

구글이 2006년 중국 지사를 설립한 이후 나는 내가 맡고 있던 아시아·태평양 시장 관련 제품들을 구글 차이나 책임자인 리카이푸에게 모두 넘겼다. 리카이푸는 중국 지역 책임자로서 베이징, 상하이 지역 엔지니어들의 성과가 하루빨리 본사의 인정을 받기를 바랐다. 하지만 그들이 본사의 인정을 받기까지는 꽤 오랜 시간이 걸렸다.

초기 구글 차이나 연구개발팀의 평가는 그리 좋지 않았다. 열심히 일했지만 눈에 띄는 성과가 없었기 때문이다. 초기에는 베이징 엔지니어 서너 명이 마운틴뷰 구글 본사의 소재지 엔지니어 한 명의 성과를 따라가지 못했다. 물론 이것이 중국 대학의 교육 방식과도 관련이 있을 수 있지만 그렇다고 해도 중국 엔지니어의 효율이 그렇게까지 떨어지는 편은 아닌데 뭔가 이상하다는 생각이 들었다. 이러한 상황은 리카이푸가 마이크로소프트에서 일할 때도 경험해보지 못한 것이었기 때문에 내게 원인 분석을 부탁했다.

베이징에 도착해서 보니 중국 엔지니어들은 본사 엔지니어들보다 훨씬 더 바빴지만 그에 비해 산출량은 높지 않은 편이었다. 다들 하루빨리 승진을 바라고 있던 터라 그들 스스로도 굉장히 초조해하는 것이 보였다. 나는 엔지니어들을 회의실로 불러 지금 하고 있는 일들을 모두 나열하게 했다. 그러자 그들은 각자 최소 네다섯 가지 이상의 항목을 나열했다. 나는 나열된 업무 목록을 살펴보면서 우선 이중 절반만이라도 완성해보는 것이 어떻겠느냐고 제안했고 그들도 그렇게 하겠다고 했다. 해야 할 일을 절반으로 줄이면 초조함과 스트레스도 절반으로 줄어들 테니 말이다. 하지만 분명히 해야 할 것은 절반의 업무를 완성한다고 해서 남은 업무가 반으로 줄어드는 것은 아니라는 점이었다. 그 사이에 계속 새로운 업무가 생겨나기 때문에 남은 업무는 또 다시 네다섯 가지 혹은 그 이상이 될 수 있었다.

IT 회사의 경우 모든 업무를 완벽하게 끝내는 일은 불가능하다. 산업의 발전이 너무 빠른 데다가 늘 예측할 수 없는 변화가 나타나기 때문이다. 이것은 마이크로소프트와 같은 기존 소프트웨어 회사의 상황과는 또 다른 양상이다. 소프트웨어를 개발할 때는 사전에 개발 임무를 명확히 정해놓고 실행한다. 물론 개발 과정에서 목표에 변동이 있을 수 있지만 변동의 폭은 크지 않다. 그렇기 때문에 엔지니어들은 정해진 시간 안에 자신의 모듈을 완성시키기만 하면 된다. 시간이 흐름에 따라 남아 있는 업무는 점점 줄어들고 어느 순간 모든 일은 끝이 난다.

하지만 인터넷 서비스 개발은 전혀 다르다. 인터넷 서비스는 항시 변화가 진행 중이기 때문에 시작과 끝을 명확하게 구분하기 어렵다. 뿐만 아니라 서비스를 개발하는 과정에서 새로운 문제가 끊임없이 나타나 산처럼 쌓여간다. 이러한 문제들은 나타나는 즉시 해결해줘야 하므로 일을 완전히 끝낸다는 것은 불가능하다. 이런 상황에서는 업무의 몇 퍼센트를 끝내겠다기보다는 우선순위를 정해 몇 가지 중요한 일을 끝내겠다고 목표를 잡아야 한다.

일을 처음 시작한 사람들에게 부족한 능력이 바로 이런 것이다. 구글 마운틴뷰 본사는 전체 직원 수 대비 신입사원의 비율이 아주 적은 편인데, 그들은 경험이 많은 직원들 밑에서 일하는 방식과 노하우를 배운다. 그러나 중국에서는 대부분의 사원들이 대학을 갓 졸업한 사회초년생이고 세계 일류 기업이 어떤 방식으로 일을 하는지 누구에게도 배울 수 없었다. 그래서 모두들 쉴 틈 없이 일하고도 별다른 성과를 내지 못했던 것이다.

구글 등 미국 기업에서는 이처럼 매일 성과 없이 일하는 사람을 'pseudo worker'라고 부른다. 직역하면 '거짓으로 일하는 사람'이다. 이런 사람들은 매일 눈코 뜰 새 없이 일을 해도 아무 성과가 없다. 2016년, 한때 세계 최대의 인터넷 기업이었던 야후가 버라이즌에 매각되면서 한 시대의 막이 내렸다. 인터넷 시대의 상징적인 기업에서 매각되기까지 야후의 몰락은 여러 가지 원인이 있지만 그중 하나는 직원들의 '거짓 노동'에 있었다. 야후는 꾸준히 업그레이드를 했지만 새로운 기능이 전혀 없었고 그렇다고 편의성이 개선된 것도 아니었다. 매각되기 전 10년 동안 야후는 새로운 제품이나 서비스를 거의 출시하지 않았다. 야후 직원들의 노력이 부족해서였을까? 절대 그렇지 않다. 유명한 워커홀릭인 마리사 메이어가

CEO일 때 직원들은 한시도 게으름을 피울 수 없었다. 그런데도 몇 년 동안 야후는 성과를 내지 못했다. 회사 전체가 '거짓 노동 상태'에 빠져 있었기 때문이다.

예전에 중국의 지식플랫폼 뤄지쓰웨이의 뤄전위 회장과 거짓 노동에 대해 이야기를 나눈 적이 있는데 그때 우리는 IT업계에서 거짓으로 일하는 사람들의 특징을 다음과 같이 정리했다.

- 회사에 큰 수익을 가져다주지 못하고 사용자들에게 업그레이드된 가치를 제공하지 못한다. 예를 들면 인터넷 산업에서 어떤 제품의 기능 혹은 디자인의 수명주기가 3개월이 채 안 된다면 이 제품은 거짓 노동으로 개발된 것이다.
- 새로운 기술을 배우면 더 효율적으로 일할 수 있는데도 굳이 기존의 방식을 고집하거나 심지어 기계를 사용할 수 있는데도 수작업을 한다.
- 어떤 일을 시작하기 전에 충분히 생각하지 않고 단순한 시행착오를 통해 맹목적으로 답을 찾는다.
- 제품을 만들 때 사전에 충분한 테스트를 거치지 않아 출시 이후 계속 보완 작업을 한다. 이런 사람들은

자신의 실수를 찾고 이를 만회하는 데 많은 돈과 시간을 쏟아 붓는다.

· 제한된 자원을 95%의 문제를 해결하는 데 쓰지 않고 전혀 중요하지 않은 5%의 문제를 해결하는 데 낭비한다.

· 회의 때마다 불필요한 사람들을 불러 모으거나 불필요한 회의에 계속 참석한다.

한편 구글과 페이스북의 경영 방식은 야후보다 더 적극적이고 능동적이다. 그들은 직원들을 평가할 때 얼마나 오랜 시간 일을 했는지, 코딩을 얼마나 많이 했는지, 심지어 제품을 얼마나 업그레이드 시켰는지가 아니라 오로지 얼마나 많은 성과로 회사에 기여했는지를 본다. 다시 말해 평소에 얼마나 바쁘게 오랜 시간 일을 했는가는 중요하지 않다.

다시 구글 차이나의 이야기로 돌아가 보자. 2008년 이후 구글은 '엔지니어링 대사engineering embassador' 플랜을 실행해 마운틴뷰 본사의 경험이 풍부한 엔지니어들이 세계 각지의 엔지니어들을 돕고 새로운 직원들의 업무 교육을 담당하도록 했다.

구글은 특별히 중국 지사에 대해서는 중국의 엔지니어들이 마운틴뷰 본사에 수시로 장기출장을 와서 경험 많은 엔지니어들과 함께 일할 수 있도록 했다. 그렇게 2년 정도가 지나자 거짓 노동 상황은 어느 정도 개선이 되었고 중국 엔지니어들도 서서히 본사의 인정을 받기 시작했다. 이처럼 대부분의 젊은 친구들은 올바른 지도만 해주면 금방 향상된 모습을 보여준다. 그럼 어떻게 해야 직원들의 거짓 노동을 방지할 수 있을까? 내가 생각하기에 가장 중요한 건 다음과 같은 두 가지다.

첫째, 직원들이 '어떻게 하면 회사의 이익을 극대화할 수 있을까'라는 생각을 갖고 일하게 만들어야 한다. 그래야만 끝도 없이 쌓여 있는 일 중에서 회사에 정말로 도움이 되는 일이 무엇인지 스스로 찾아낼 수 있다. 지식형 기업일수록 관리자는 직원들의 모든 업무를 세세하게 관리할 수 없고 그렇게 해서도 안 된다. 그런 기업일수록 직원들의 능동성이 무엇보다 중요하기 때문이다.

둘째, 주어진 일만 하는 것이 아니라 적극적으로 일을 찾아서 하면 최대수혜자는 결국 자기 자신이 된다는 사실을 인지하도록 해야 한다. 직원들이 업무 환경, 주변 사람들, 기회 등에 불만이 있으면 소극적으로 일하게 되고, 그러면 자기도 모르게 거짓으로 일하는 사람이 된다. 심지어 어떤 직원들은 위에서 지시 받은 일들만 수동적으로 하면서 그중에서도 가장 쉬운 일만 골라서 한다.

회사에 정말 중요한 일이지만 난이도가 높은 일들은 일부러 피하는 것이다. 상사가 일을 잘 하고 있냐고 물으면 그들은 정말 열심히 하고 있다고, 할 일이 산더미처럼 쌓여 있냐고 말한다. 그리고 왜 중요한 업무들은 하지 않았냐고 물으면 너무 바빠서 미처 할 시간이 없었다고 대답한다. 일반적인 회사라면 이런 직원들에게 좋은 평가를 줄지도 모른다. 하지만 결국은 자기 무덤을 파는 셈이다. 성과 없는 거짓 노동을 많이 하다 보면 개인의 발전은 더뎌지고 능력은 오히려 퇴보하기 때문이다.

지금 당장 하지 않으면 안 될 것 같은 일들도 곰곰이 생각해보면 사실은 그렇게까지 중요하지 않은 일일 때가 많다. 일뿐만 아니라 일상생활에서도 마찬가지다. 우리는 생각보다 많은 시간을 하지 않아도 되는 일에 낭비하고 있다. 그러니 만약 일이 너무 많아 걱정이라면 우선 하던 일을 모두 멈추고 자신이 하고 있는 일들을 한번 정리해보기를 바란다. 그런 다음 회사의 발전과 자신의 능력 향상에 모두 도움이 되는 일부터 먼저 끝내도록 한다. 이렇게 하면 분명 직장 생활에 큰 변화가 있을 것이다.

성장을

꿈꾸는

너에게

1만 시간의 노력이
성공에 도움이 될까?

캐나다의 유명 작가 말콤 글래드웰은 저서 《아웃라이어》에서 어떤 일의 전문가가 되기 위해서는 1만 시간의 훈련이 필요하다고 말했다. 글래드웰은 자신의 주장을 여러 가지 예시를 들어 설명했고 이제는 모두가 다 알고 있을 만큼 유명한 이야기가 되었다. 그의 관점은 사람들에게 무슨 일이든 시작할 수 있는 동기를 부여했고 실제로 많은 사람들이 1만 시간의 훈련을 실천하기 위해 노력하고 있다. 한편 그의 관점이 어떤 사람들에게는 좋은 핑곗거리가 되기도 했다. 그들은 자신이 성공하지 못한 것은 단지 1만 시간을 다 채우지 못했기 때문이라고 말한다.

그런데 뤄전위 회장은 뤄지쓰웨이의 185번 째 영상 <머지않아 도래할 사회계층>에서 조금 다른 관점을 제시했다. 글래드웰의 주장과는 달리 그는 1만 시간을 노력해도 성공하지 못할 수 있다고 말했는데 그 이유는 연습이나 훈련 못지않게 사고방식이나 주변 환경도 굉장히 중요하기 때문이라고 했다. 과연 둘 중 누구의 말이 맞는 것일까?

사실 두 사람의 관점이 완전히 모순된 것은 아니다. 글래드웰은 《아웃라이어》에서 1만 시간의 노력 외에도 성공을 위한 필요조건으로 지능, 운, 가정 환경을 꼽았다. 1만 시간의 노력도 중요하지만 성공을 위해서는 이러한 조건들이 반드시 갖춰져 있어야 한다는 것이다. 그의 관점들을 조금 더 자세히 살펴보자.

글래드웰은 성공의 첫 번째 필요조건으로 지능을 꼽았다. 그는 지능이 120보다 낮으면 성공하기 힘들고 일단 120이 넘기만 하면 큰 차이가 없다고 말했다. 어떤 사람들은 너무 냉혹한 결론이라며 그의 주장에 반감을 표하기도 했는데 어쨌든 이것은 사실이다. 그동안 '노력으로 극복하지 못하는 것은 없다'라고 믿었던 사람들은 크게 반발하겠지만 사실 '노력으로 극복하지 못하는 것은 없다'라는 주장은 과학적 증거가 없다.

글래드웰은 성공의 두 번째 필요조건으로 운 혹은 시대적 배경을 꼽았다. 다시 말해 성공하기 위해서는 시대를 잘 타고나야 한다는 것이다. 19세기 말 미국에서 큰 부자가 된 산업의 거장들도 대호황 시대를 타고 났기 때문에 성공할 수 있었고 빌 게이츠, 스티브 잡스 등도 정보화 시대의 도래로 큰 성공을 거둘 수 있었다.

글래드웰이 성공의 세 번째 필요조건으로 꼽은 것은 주변 환경이다. 좋은 환경은 몸과 마음의 성장을 돕고 긍정적인 마음을 키워 잠재능력을 발휘할 수 있게 해준다. 여기서 한 가지 분명히 해둬야 할 점은 가정 혹은 생활 환경은 단순히 경제적 수입이나 지역의 발전 정도로 평가할 수 없다는 것이다. 교육의 측면에 있어 집안형편이 어려운 것보다 심각한 건 식견이 없고, 사랑이 부족하며, 질서의식이 결여된 가정 환경이다. 돈이 없으면 나중에라도 벌면 그만이지만 이 세 가지 요소가 결여되면 아무리 천부적인 재능을 타고났다 하더라도, 또 아무리 노력한다 하더라도 큰일을 하기는 어렵다.

충분한 지적 능력과 시대적 배경 그리고 가정 환경이 갖춰졌다면 그 다음 해야 할 일은 무엇일까? 글래드웰은 이제부터 1만 시간의 노력을 기울여야 한다고 말한다. 그러나 이 모든 조건을 다 갖춘 후에도 무조건 성공한다는 보장은 없다. 1만 시간이라는 것은 하나의 필요조건에 불과할 뿐 충분조건이 아니다. 더욱이 1만 시간을 채우는 것도 중요하지만 이 시간을 어떤 방식으로 채우느냐가 관건이다. 다음은 1만 시간의 법칙을 실천할 때 사람들에게 흔히 나타나는 네 가지 문제점을 정리한 것이다.

(1) 첫 번째 문제: 단순 반복

1만 시간 동안 단순한 일만 반복하는 사람들이 있다. 이들은 앞장에서 언급한 거짓으로 일하는 사람들이다. 오늘날 인터넷 산업이 발달하면서 약간의 프로그래밍 기술만 있으면 꽤 괜찮은 월급을 받으며 일할 수 있기 때문에 일부 프로그래머들은 더 어려운 기술을 배우려 하지 않고 단순한 업무만 반복한다. 이런 사람들은 성공은커녕 머지않은 미래에 컴퓨터에 의해 도태될 것이다.

(2) 두 번째 문제: 습관적인 실패

여기에 해당하는 사람들은 앞에서 이야기 한 부류와는 정반대다. 이들은 이상과 목표는 엄청 높지만 실천을 게을리하고 실수로부터 교훈을 얻으려고 하지도 않는다. 게다가 낯이 두껍지도 않아 누군가에게 배우는 것도 싫어한다. 회사원 중에 이런 사람들이 의외로 많은데, 실패는 성공의 어머니라는 말을 굳게 믿고 싶겠지만 단순히 실패를 반복하는 것으로는 실패의 굴레에서 벗어날 수 없다는 점을 기억해야 한다.

(3) 세 번째 문제: 외부와의 단절

두 부류의 과학자가 있다. 첫 번째 부류는 아인슈타인, 엔리코 페르미, 라이너스 폴링과 같이 자신이 발견한 방법을 통해 다양한 분야를 연구하며 시간의 흐름에 따라 외연을 넓혀간 사람들이다. 두 번째 부류는 트랜지스터를 발명한 윌리엄 쇼클리처럼 시간이 흐를수록 외연이 좁아진 인물이다. 그는 자신이 발명한 트랜지스터에 몰두해 다른 기술들은 받아들이지 않았고 결국 산업계에도 학술계에도 온전히 발붙이지 못했다. 이처럼 자신의 틀에 갇혀 일을 하다 보면 노력을 하면 할수록 외부세계에 대한 감각과 지식이 부족해지고 현실 적응력도 떨어진다.

(4) 네 번째 문제: 체계의 부재

1만 시간의 노력은 누적 효과가 있어야 한다. 두 번째 노력은 첫 번째 노력의 결과를 바탕으로 이루어져야지 매번 새롭게 시작해서는 안 된다. 공부를 할 때도 아무런 체계 없이 앞뒤 연관성을 따지지도 않고 닥치는 대로 하는 사람들이 많다. 이렇게 체계 없이 쌓인 지식은 문제가 조금이라도 바뀌면 전혀 소용이 없어진다. 결국 많은 시간을 투자하고도 성적은 제자리걸음을 하는 것이다. 일을 할 때도 마찬가지다.

그동안의 경험과 주변 사람들을 관찰한 결과에 따르면 천부적인 재능이든, 시대적 배경이든, 가정 환경이든 혹은 개인의 피나는 노력이든 모두 성공의 필요조건일 뿐 충분조건이 될 수 없다. 그럼 성공에 대한 희망은 가질 수 없는 것이냐고 묻고 싶은 사람도 있을 것이다. 꼭 그렇지만은 않다. 어떤 조건들이 성공을 반드시 보장해줄 수는 없지만 더 좋은 방법과 더 효과적인 길은 언제나 존재하기 마련이다. 다음 장에서는 어떻게 하면 1만 시간의 노력을 통해 자기 자신을 더욱 효과적으로 업그레이드 할 수 있을지 알아보도록 하자.

성장을

꿈꾸는

너에게

문제를 해결하는
세 번의 도끼질

앞 장에서는 1만 시간의 법칙을 실천할 때 나타날 수 있는 네 가지 문제점에 대해 알아봤다. 이 장에서는 위의 문제들을 해결할 수 있는 쉽고도 간단한 세 가지 방법을 소개한다. 이해를 돕기 위해 이 세 가지 방법을 문제를 격파할 수 있는 세 번의 도끼질에 비유했다.

(1) 첫 번째 도끼질: '비전-목표-경로'를 세운다

1만 시간을 단순 반복이 아니라 자신의 전문성을 높이는 데 모두 사용하려면 명확한 방향이 있어야 한다. 이 방향을 우리는 '비전'이라고 부른다. 예를 들어 '나는 뛰어난 소프트웨어 엔지니어가 되겠다'는 비전은 아주 좋다. 그러나 5년 동안_{정상 업무 시간으로 계산}_{하면 1만 시간 정도 된다} 자바스크립트를 열심히 연습해서 프로그래밍을 더 빨리 하고 싶다는 식의 비전은 바람직하지 않다. 이것은 낮은 수준의 일을 반복하는 것이기 때문이다. 이렇게 5년을 연습해 프로그램을 아주 능숙하게 사용할 수 있게 되었다 한들 그때는 이미 자바스크립트라는 프로그램이 사라졌거나 더 편리한 다른 프로그램으로 대체되었을지도 모른다. 우리 주변에서도 숙련된 기술이 있지만 일자리를 구하지 못하는 사람들을 종종 볼 수 있다. 그 이유는 그들이 가진 기술이 이미 시대에 뒤처졌기 때문이다. 주판 기술은 이미 20년 전부터 쓸모가 없어졌고 운전 역시 20년 전부터 거의 모든 사람이 할 수 있는 흔한 기술이 되었기 때문에 더 이상 이런 기술을 통해 일자리를 찾는 것은 어렵다. 현재는 외국어를 능숙하게 구사할 줄 알면 할 수 있는 일이 많지만 10년 뒤에는 그마저도 인공지능 기술로 대체되어 많은 통·번역가들이 일자리를 잃게 될지도 모른다. 그러므로 미래를 내다보고 적합한 비전을 세우는 것이 중요하다.

비전을 정했으면 다음에는 단계별 목표를 세워야 한다. 이를 다른 말로 '전략'이라고도 한다. 컴퓨터 엔지니어가 자신이 이끄는 팀원들과 함께 세계적인 제품을 개발해 3급 엔지니어가 되겠다는 것은 비교적 실현 가능한 비전이라고 할 수 있다. 3급 엔지니어가 되기 위해서는 관련 기술을 능수능란하게 사용하는 것은 물론, 컴퓨터과학의 본질에 대한 이해가 깊어야 하고 매년 기술이 어떻게 변화하는지 면밀히 파악하고 있어야 한다. 또한 제품 개발에 필요한 지식을 쌓고 문제를 어디서부터 해결해 나가야 할지, 직원들과 어떻게 업무를 분담할 것인지에 대해서도 잘 알고 있어야 한다. 이 모든 항목이 바로 단계별 목표인 셈이다.

전략을 세웠으면 이제 필요한 것은 전술이다. 목표를 실현하기 위해서는 성공으로 가는 경로가 있어야 한다. 이 경로는 다시 실행 가능한 여러 절차로 나눌 수 있다. 우선 간단한 일부터 시작하고, 여러 기술을 능숙하게 다룰 줄 알게 되면 조금 더 난이도를 높여 목표를 하나씩 실현해 나간다. 물론 계속 도전하기 위해서는 고된 업무를 감수해야 할뿐만 아니라 단기적으로는 경제적 손실을 감당해야 할 수도 있다. 하지만 끊임없이 도전하며 스스로 실력을 키우다 보면 어느 순간 1만 시간이 반드시 빛을 보게 될 것이다.

(2) 두 번째 도끼질: 귀에 거슬리는 이야기도 다시 한번 새겨 듣는다

내가 고등학교에 다닐 때 교장 선생님께서 해주신 말씀이다. 이 말은 다음과 같이 이해할 수 있다.

첫째, 무슨 일이든 무조건 세 번씩 생각해봐야 한다. 누군가 내게 어떤 일에 대해 이야기할 때, 처음에는 말도 안 되는 이야기 같아도 반드시 돌이켜 생각해본다. 그리고 내 생각이 틀리고 그의 말이 맞을 수도 있다는 가정 하에 다시 한번 생각한다. 이때 무조건 내 생각이 맞다는 전제 하에 생각하는 건 의미가 없다. 두 번을 생각했는데도 여전히 내 생각이 맞는 것 같다면 이번에는 내 경지가 좁아 그의 생각을 이해할 수 없는 것은 아닌지 생각해본다. 왜 이렇게까지 해야 하는 것일까? 자기 자신을 조금이라도 발전시키고 싶은 사람이라면 분명 자기보다 똑똑하고 훌륭한 사람과 교류하고자 할 것이다. 훌륭한 사람과 교류하다보면 분명 그의 생각을 미처 다 이해하지 못하는 상황이 생길 수 있다. 이럴 때 상대방이 왜 그런 생각을 했는지 조금 더 깊이 이해해보려고 노력하는 습관을 가지고 있다면, 발전의 기회를 놓치지 않을 수 있다.

둘째, 상대방의 말이 정말 말도 안 되는 이야기 같아도 왜 그런 이야기를 했는지 합리적인 이유를 찾으려고 노력해야 한다. 만약 귀에 거슬리는 말에서도 합리적인 이유를 찾을 수 있다면 세상일에 대한 시야와 도량이 한층 넓어져 자신의 내면세계에 갇혀 세상과 멀어지는 일은 없을 것이다. 이를 실천하는 것은 결코 쉽지 않다. 이럴 때 내가 사용하는 간단한 방법은 나와 의견이 다른 사람을 만나면 어떻게든 한 가지라도 상대방에게서 합리적인 이유를 찾으려고 노력하는 것이다. 어떻게 보면 조금은 강박적으로 이유를 찾으려고 할 때가 있는데 어쨌든 이 방법은 스스로 발전하는 데 큰 도움이 된다.

(3) 세 번째 도끼질: 모든 것을 기록으로 남긴다

엔지니어든 회계사든 변호사든 누구나 일을 하다 보면 난관에 부딪힐 때가 있고, 이 난관을 헤쳐나감으로써 한 단계 더 발전한다. 그런데 안타깝게도 많은 사람들이 자신의 기억력을 과신한 나머지 기록을 남겨두지 않는다. 사람들은 생각보다 금방 지난 일을 잊고 같은 문제에 직면했을 때 속수무책이거나 다시 오랜 시간을 들여 문제를 해결한다. 그래서 모든 일은 기록으로 남겨두는 것이 좋다. 기록의 또 한 가지 좋은 점은 기록하는 과정에서 문제에 대해 다시 한번 생각하게 되므로 한층 더 발전할 수 있다는 것이다.

이 세 가지 방법은 내게는 굉장히 효과적이지만 모든 사람에게 유용할 것이라고 장담할 수는 없다. 이보다 더 좋은 방법도 물론 있을 것이다. 하지만 너무 복잡하고 어려운 방법은 아무래도 효과가 떨어진다. 나는 '당신의 삶을 변화시킬 10가지 방법' 혹은 '효율을 높여주는 20가지 비법' 등은 다 기억할 자신도 없고 일일이 실행하지도 못한다. 아이작 뉴턴은 '자연계는 단순한 것을 좋아한다'라고 말했다. 오랜 시간 직장 생활을 하면서 깨달은 바에 의하면, 일을 할 때 효과적인 방법은 대개 단순한 것들이다. 이 점을 기억하자.

구글의
목표관리법

중국 옛말에 '장인이 일을 잘하려면 공구를 날카롭게 갈아야 한다'는 말이 있다. 일상에서든 직장에서든 일의 효율을 높이기 위해서는 자신의 목표를 관리할 수 있는 도구가 필요하다. 구글은 평소 업무 형태가 느슨한 것처럼 보이지만 일의 효율이 굉장히 높은 회사다. 이 장에서는 구글이 목표를 관리할 때 사용하는 도구인 OKR에 대해 소개하려고 한다.

OKR은 Objectives Key Results의 첫 글자를 딴 것으로 목표와 목표 달성의 핵심 결과를 기록하는 것이다. 구글의 모든 직원은 분기가 시작될 때마다 한 개 혹은 여러 개의 목표를 정한 다음 OKR을 기록해 다른 사람들이 볼 수 있도록 회사 홈페이지에 올린다. 그래서 누가 OKR을 올리지 않았는지 훤히 알 수 있다. 비록 아무도 재촉하는 사람은 없지만 모두가 보는 홈페이지에 자신의 페이지만 공백으로 남아 있으면 창피할 수밖에 없다. 이처럼 OKR은 기본적으로 직원들을 관리 감독하는 역할도 한다.

분기가 끝날 무렵 직원들은 저마다 자신의 목표 달성 정도를 점수로 매긴다. 목표를 달성했으면 1점, 부분 달성했으면 0에서 1점 사이의 숫자를 입력한다. 구글은 직원들에게 늘 도전적인 목표를 세우라고 강조한다. 그래서 목표 달성 점수가 늘 1인 사람은 일을 잘했다기보다는 목표를 너무 낮게 잡은 것으로 판단한다. 보통 직원들의 점수는 0.7~0.8점 사이다. 물론 분기 초에 세운 목표와 완성한 임무가 다를 수도 있고 당초 예상하지 못한 새로운 일이 생길 수도 있다. 그래서 분기 마지막에 목표 달성 현황을 정리하면서 당초 적지 않았던 목표를 새롭게 추가할 수 있다. 완성하지 못한 목표나 더 이상 의미가 없어진 목표들은 목록에서 삭제할 수 없지만 대신 완성하지 않는 이유를 설명할 수 있다. 다음은 2017년 나의 목표와 1분기 목표 달성 현황을 구글의 OKR 표로 작성한 것의 일부다.

2017년 목표 및 1분기 목표 달성 현황

목표		1. 〈수학의 미〉 영문판 및 한글판 출판, 〈대학의 길〉 2판 인쇄		
핵심 결과		정상 진도	지연 혹은 변경 내용	목표 달성
1-1 영문출판사 섭외	점수			1.0
	비고			계약 완료
1-2 영어가 모국어인 역자에게 영문판 수정 의뢰	점수	0.3		
	비고	역자 두 명을 섭외했지만 둘 다 만족스럽지 않음 세 번째 역자에게 샘플테스트 의뢰함		
1-3 영문판 완성	점수		0.1	
	비고		역자를 섭외하지 못해 1장 직접 번역 목차와 서문은 역자에게 의뢰 예정	
1-4 연말 전 출판	점수			
	비고		2017년 연말 전에 번역을 마치고 2018년 출판하는 것으로 변경	
1-5 한국 출판사를 찾아 2017년 연말 전 출판	점수	0.7		
	비고	출판사와 계약 논의 중		
1-6 〈대학의 길〉 2판 인쇄 시 공립교육, '버클리' 편 일부 대학 신청 내용을 추가하고 사진 교체 4월 말까지 수정 작업을 마치고 9월 전에 인쇄	점수	0.3		
	비고	'버클리'편 일부 내용 완성 목표한 기한 내 완성할 수 있음		

위 표에는 목표1만 기재했지만, 2017년 한 해 동안 나는 12개의 목표를 세워 실천했다. 물론 중간에 여러 번 목표를 수정했고 2017년 연말까지 절반 정도 목표를 조정해야 했지만 목표의 70% 정도를 달성한 것으로 충분히 만족한다.

목표 달성과 관련해서 또 한 가지 간단한 프로젝트 관리 방법이 있다. 바로 '소모추적곡선'이다. 만약 어떤 일을 시작할 때 임무가 100%라고 가정하면 완성했을 때 0%가 되어야 한다. 이 일을 100일에 걸쳐 완성한다고 하면 하루에 1%씩 일을 해야 한다. 이것을 하나의 선오른쪽 그림에서는 월별로 표시하여 직선의 형태로 나타났지만 단위를 촘촘하게 정하면 곡선이 된다으로 100에서 0까지 그려 나타낼 수 있다. 한 달 후 총 업무량의 85%가 남았다면 시작점100%에서 한 달 후 위치85%까지 선을 연결하면 되는데 이것이 소모추적곡선의 첫 번째 구간인 것이다. 물론 일이 늘 예상한 진도대로 완성되는 것은 아니기 때문에 보통 실제 곡선은 계획 직선 위쪽에 있다. 곡선이 위에 있다는 것은 진도가 늦어지고 있다는 뜻이니 긴장할 필요가 있다. 반대로 곡선이 직선보다 아래에 있다면 목표한 진도보다 빨리 진행되고 있다는 뜻이니 안심해도 좋다.

소모추적곡선은 업무의 실제 완성 현황과 예상 진도의 차이를 보여주는 것이다. 원래 계획대로 일을 잘하는 사람이라면 굳이 시

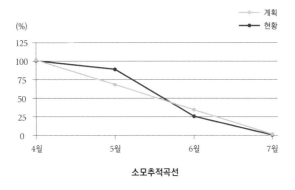

소모추적곡선

간을 들여 이러한 곡선을 그릴 필요는 없지만 마지막까지 미루다가 뒤늦게 일을 몰아서 하는 사람이라면 정기적으로 곡선을 그려 진도를 확인할 필요가 있다. 그리고 이것이 습관이 되면 늘 미루기만 하던 사람도 업무 방식을 바꿀 수 있을 것이다.

이러한 방법들은 과거 직원들의 업무 진도를 관리하고 목표를 실행하는 데 아주 효과적이었다. 그러나 다른 사람에게도 효과적인지는 직접 활용해봐야 알 수 있다. 앞에서 제시한 두 방법 모두 예시일 뿐이니 자신에게 맞는 도구를 찾아 목표를 관리하는 습관을 들이는 것에 중점을 두고, 자기만의 도구를 활용해보자.

성장을

꿈꾸는

너에게

마지막 한 걸음이
중요한 이유

2장을 마무리하며 내 인생에 커다란 영향을 준 일상 속 경험에 대해 이야기해보려고 한다. 그것은 강의실에서도 실험실에서도 심지어 직장에서도 배울 수 없는 소중한 경험이었고 내 자신을 한층 더 성장시켰다.

고등학교 시절 나는 자유롭고 다소 산만한 학생이었다. 돌이켜 생각해보면 이러한 내 모습을 너그럽게 감싸준 학교에 감사한 마음이 든다. 어느 해 운동회가 열리던 날의 일이다. 운동 경기에 선발된 선수들을 제외하고 나머지 학생들은 경기를 관람하거나 선수들을 뒤에서 도와줘야 했고 집에 가는 것은 허용되지 않았다. 하지만 모든 경기가 다 재미있는 건 아니었고 사실 선수들을 도와줄 일도 별로 없었기 때문에 많은 학생들이 학교를 몰래 빠져나갔다. 오후에 출석 체크를 해서 인원이 별로 없는 반의 점수를 깎기도 했지만 그럼에도 불구하고 학생들은 대부분 학교 밖으로 나가버렸다.

그날 나는 친구와 함께 자전거를 타고 학교를 빠져나와 베이징대학교에 놀러갔다. 우리는 호숫가에서 오후 내내 놀다가 출석 체크를 하기 위해 다시 자전거를 타고 학교로 돌아갔다. 교문 앞에 도착해보니 운동회는 이미 끝나 있었고 학생들이 집에 가기 위해 빠져나오고 있었다.

내가 친구에게 말했다.

"어차피 운동회도 다 끝났으니까 우리도 그냥 집에 가자!"

그 뒤에 이어진 친구의 대답은 아마 평생 잊지 못할 것이다.

"이미 아흔아홉 걸음이나 와 놓고서 왜 마지막 한 걸음을 포기하려고 해?"

친구의 말에 우리는 학교로 들어가 출석 체크를 한 다음 집으로 돌아갔다. 그날 이후 나는 무슨 일이든 반드시 마지막 한 걸음까지 최선을 다해야 한다는 것을 염두에 두고 행동한다.

우리 주변에는 어떤 일을 잘 시작해놓고 끝을 맺지 못하는 사람들이 많다. 아흔아홉 걸음을 걷고 나서 마지막 한 걸음을 남겨두고 포기하는 것이다. 대부분 적당히 끝을 봤으면 마지막 하나 정도는 하지 않아도 결과에 큰 차이가 없을 거라고 생각한다. 하지만 이 마지막 하나 때문에 결과가 달라질 수도 있다.

끝맺음을 잘 못하는 사람은 직장에서 일상적인 업무를 할 때는 큰 문제가 되지 않지만 회사의 중요한 일을 처리할 때는 믿고 맡기기 힘들다. 구글에서 일할 때 강조했던 것 중 하나는 '스위스 메이드' 품질에 도달하는 것이다. 우리는 이를 '구글 품질'이라고 부른다. 모두가 알다시피 독일의 제품들은 뛰어난 품질을 자랑한다. 그런데 독일보다 더 뛰어난 곳이 있다면 그곳은 바로 스위스다. 스위스는 다양한 제품을 생산하지는 않지만 생산하는 제품만큼은 세계 최고로 만든다. 스위스는 자원이 풍부하지 않기 때문에 오로지 품질로 승부할 수밖에 없다. 품질이 약간만 더 좋아도 제품의 가격은 크게 차이난다. 물론 스위스 메이드 정신이 스위스 사람들에게만 국한된 것은 아니다. 명품을 만드는 장인 중에도 이런 정신을 가진 사람들이 많다. 사실 명품과 일반 제품의 품질 차이는 고작 5%에 불과하다. 그러나 사람들은 고작 이 5%를 위해 두세 배 더 많은 돈을 투자한다. 이것이 바로 스위스 메이드의 힘이다. 구글 역시 제품이나 기술 면에서 다른 경쟁사들보다 5% 정도 더 나을 뿐인데 사용자들은 그 5% 때문에 구글을 선택한다.

백 걸음을 끝까지 걷는 정신은 물건을 만들거나 일을 할 때뿐만 아니라 다른 사람과 교류하고 소통을 할 때도 중요하다. 다른 사람에게 어떤 일을 전달할 때 나는 제대로 전달했다고 생각했는데 상대방이 새겨듣지 않거나 잊어버리면 서로 어색하고 불편한 상황에 처하기도 한다. 하지만 무조건 상대방을 탓할 수는 없다. 왜냐하면 내가 백이 아닌 아흔아홉까지만 전달했을 수도 있기 때문이다. 골드만 삭스나 모건 스탠리에서 일하는 사람들과 교류할 때 보면 그들은 메일이나 전화로 어떤 내용을 전달할 때 무조건 내 입에서 '확인'이라는 두 글자가 나와야만 자신의 임무가 끝났다고 여겼다. 이렇게 확인을 하고 나면 전달받은 입장에서도 기억을 하기가 쉽다. 이렇게 마지막 한 걸음까지 잊지 않는 세심한 일처리 덕분에 골드만 삭스와 모건 스탠리 고객들은 만족도와 충성도가 굉장히 높다.

상위 1%와 보통 사람의 차이 역시 고작 몇 걸음에 있다. 그래서 나는 사람들에게 무슨 일을 하든 끝까지 마무리를 잘 지으라고 말한다. '스위스 메이드'라는 단어만 기억하고 있어도 언젠가는 반드시 목표를 실현할 수 있을 것이다.

성장을

꿈꾸는

너에게

3장

직장인의 의사소통

"언어 능력은 현생 인류인 호모 사피엔스가 기타 인류와 구분되는 가장 큰 특징 중 하나다. 인류의 문명화 과정은 통신기술 및 수단의 발전 과정이라고도 볼 수 있다. 언어를 통한 생각의 교류가 한 사람의 성공 여부를 결정짓기도 한다."

말과 일의
공통점

본격적인 내용을 시작하기에 앞서 재미있는 이야기 하나를 소개하려고 한다.

신앙심이 깊고 평생을 전도에 힘써온 목사가 있었다. 어느 날 그가 택시를 타고 목적지로 이동하는데 하필 운전을 굉장히 난폭하게 하는 택시 기사를 만난 것이다. 택시 기사는 과속은 물론 신호 위반에 역주행까지 교통 규칙을 완전히 무시하고 운전을 했다. 목사는 너무 놀라 택시 안에서 내내 기도를 드렸다. 하지만 목사의 간절한 기도에도 불구하고 택시는 결국 달리는 기차와 부딪혀 전복되었고 택시에 타고 있던 목사와 기사는 죽어서 하늘나라에 가게 되었다.

천국에 도착하자 안내자인 성 베드로가 나와 굉장히 크고 호화로운 주택을 가리키며 택시 기사에게 저곳이 당신의 집이라고 말했다. 그런 다음 이번에는 아주 작고 초라한 집을 가리키며 목사에게 저곳이 당신의 집이라고 일러줬다. 목사가 억울한 표정을 지으며 말했다.

"성 베드로님 이건 정말 불공평합니다. 저는 평생 규칙도 잘 지키고 깊은 신앙심으로 많은 사람들에게 전도를 하는 데 힘써왔습니다. 그런데 제게 저런 낡은 집을 주시다니요! 저 택시 기사는 규칙을 지키지 않아 그동안 무수히 많은 사고를 냈고 결국 저도 이곳에 데려오지 않았습니까! 그런데 왜 저 사람에게만 좋은 집을 주시는 겁니까?"

성 베드로가 말했다.

"너는 평생 전도에 힘써왔지만 교회에서 네 설교를 듣는 사람들은 모두 졸기만 하더구나. 하지만 저 택시 기사는 늘 사람들을 기도하게 만들었지."

20년 전쯤 이 이야기를 처음 들었을 때 물론 재미있기도 했지만 굉장히 공감되는 부분도 있었다. 가장 먼저 떠오른 생각은 연설 능력의 중요성이었다. 강연은 물론이고 회사에서 보고를 하거나 발표를 할 때도 가장 중요한 것은 청중에게 정보를 전달해 그들이 내가 전달한 정보를 모두 이해하도록 만드는 것이다. 그런데 이러한 목적은 잊은 채 자신이 하고 싶은 말만 하고 끝내는 사람들이 많다. 상대방이 내 말을 이해했는지는 전혀 생각하지 않는 것이다. 이야기 속 목사가 바로 그런 사람이었다. 말을 잘 못하는 사람은 이러한 목적을 자주 잊어버리는 것을 포함해 다음과 같은 세 가지 특징이 있다. 이를 강연에 빗대어 설명해보겠다.

(1) 청중이 어떤 사람인지 고려하지 않는다

청중이 누구인지를 전혀 고려하지 않고 매번 동일한 방식으로 강연을 하는 사람들이 있다. 심지어 일 년 동안 동일한 원고와 PPT 자료를 가지고 매번 장소만 바꿔 강연을 하는 사람도 있다. 청중이 누구인지, 그들이 최근 관심을 갖고 있는 문제가 무엇인지를 전혀 고려하지 않고 이야기를 하면 내용이 아무리 좋아도 청중들은 이해하지 못하거나 재미없게 느낄 것이다. 그럼 결국 열심히 강연을 하고도 아무 효과도 얻지 못하게 된다.

나는 강연을 준비하기 전에 가장 먼저 청중이 누구인지, 그들이 어떤 배경 지식을 갖고 있는지 파악한다. 동일한 주제로 강연을 한다고 하더라도 청중이 어떤 사람인가에 따라 내용이 달라져야 하고 강연 방법도 완전히 달라야 한다. 예를 들어 내가 강연을 할 때 청중은 기업의 임원, 창업자, 일반직 종사자, 대학 교수, 학생, 정부 관료 등으로 다양하다. 그들은 강연을 듣는 목적이 서로 다르고, 전공이나 지식 수준도 다르기 때문에 강연의 내용에도 큰 차이가 있다. 청중이 기본 지식이 있는 사람들이라면 배경 설명을 아주 짧게 하고, 평소에 주제와 관련된 내용을 접할 기회가 별로 없는 사람들이라면 어려운 내용을 장황하게 늘어놓기보다는 기본적인 원리를 상세하게 설명해야 한다. 그밖에도 서로 다른 산업에 종사하는 사람들에게 강연을 할 때도 내용이 각기 달라야 하고, 언제 강연을 하느냐에 따라 사용하는 예시도 달라야 한다.

(2) 제한된 시간 안에 너무 많은 내용을 이야기한다

사람들이 강연을 할 때 가장 많이 저지르는 실수는 제한된 시간 안에 너무 많은 내용을 이야기하려고 하는 것이다. 만약 제한된 시간이 한 시간이라면 이 시간에 얼마나 많은 내용을 이야기할 수 있느냐는 준비해온 내용의 양이나 말하는 속도가 아니라 청중이 내용을 받아들이는 속도와 집중도에 의해 결정된다.

강연을 할 때 대부분의 사람이 상당히 많은 내용을 준비한다. 그리고 강연을 하다가 시간이 모자랄 것 같으면 속도를 높여 어떻게든 준비한 내용 전부를 청중에게 전달하려고 애쓴다. 하지만 그럴수록 청중이 받아들이는 내용은 줄어들 뿐이다. 또 강연을 할 때 주제와 상관없는 이야기로 괜히 시간을 끄는 사람들이 있다. 10분이면 끝날 이야기를 15분 넘게 끌면서 청중을 지치게 만드는 것이다. 그들의 강연이 끝나면 사람들은 감사의 박수 대신 '세상에, 드디어 저 지루한 강의가 끝난 건가!' 하는 안도의 박수를 칠 것이 분명하다. 짧게 할 수 있는 이야기를 길게 늘인다고 더 많은 내용을 전달할 수 있는 것은 아니다. 이런 식의 강연은 사람들에게 나쁜 인상을 남길 뿐이다.

어떤 강연자든 한 번의 강연으로 여러 가지 메시지를 완벽하게 전달할 수 있다고 기대해서는 안 된다. 한 번에 한 가지만 명확하게 전달해도 목적을 달성했다고 볼 수 있다. 나는 중요한 보고를 할 때 핵심 내용을 세 가지만 추려 이야기한다. 세 가지 항목이 넘어가면 기억을 잘 못하기 때문이다. 그래서 사실 '100가지 비결', '18가지 방법', '36가지 선택' 등의 제목을 가진 책이나 글들도 큰 도움이 되지 않는다고 생각한다. 내용이 너무 많으면 제대로 기억하지 못할 뿐만 아니라 상충되는 내용도 있기 마련이다.

(3) 알맹이 없는 내용을 과장해서 이야기한다

어떤 사람들은 강연을 할 때 발표할 내용에 충실하기보다는 여기저기에서 긁어모은 정보들을 최대한 과장해서 포장하기에만 급급하다. 물론 청중은 이런 강연을 더 재미있게 들을지는 모르지만 끝나고 기억나는 것은 아무것도 없을 것이다. 그럼 다음에 그가 또 강연을 한다고 한들 아무도 관심을 갖지 않을 것이다.

정리하자면, 말을 할 때는 분명한 목적이 있어야 하고 이 목적을 달성하기 위해 위에서 언급한 세 가지는 무조건 피하는 것이 좋다. 평소에 주변 사람들과 소통을 할 때도 마찬가지다. 내가 해야 할 말만 다 전달하면 그것으로 할 일을 다했다고 생각하는 사람들이 있다. 상대방이 내 말을 제대로 전달받아 이해했는지는 전혀 고려하지 않는 것이다. 이런 식의 소통은 둘 사이에 불필요한 갈등만 불러일으킬 뿐이다.

말을 할 때는 내가 전달하려는 정보가 제때 정확하게 전달되었는지, 그리고 상대방이 제대로 이해했는지 반드시 확인할 필요가 있다. 온라인상으로 이루어진 협의도 내가 보낸 메시지를 상대방이 확인해야 비로소 완성되는 것이지, 일방적으로 보낸 메시지는 효력이 없다. 물론 일상적인 대화를 할 때는 일을 할 때처럼 정확하게 할 필요는 없지만, 상대방이 내가 하려는 말의 의미를 제대로 이해했는지 확인하는 것은 괜한 오해를 방지하기 위해서라도 꼭 필요한 일이다.

앞에 목사의 이야기를 다시 한번 깊게 생각해보면 소통을 할 때뿐만 아니라 일을 할 때에도 정확한 목적 달성이 중요하다. '노력은 했지만 공로는 없다' 혹은 '잘하지는 못했지만 열심히는 했다'는 말이 있다. 예를 들어 어느 회사에서 상사가 직원에게 고객과 연락해서 약속 시간을 잡아오라고 지시했다. 직원은 며칠 동안 상사가 다시 묻지 않자 아무런 결과도 보고하지 않았다. 그러다가 어느 날 상사가 그 일을 기억해내서 물어보자 그제야 '아, 두 번이나 전화해봤는데 안 받으시더라고요' 혹은 '메일도 보내고, 메시지도 남겼는데 아직 회신이 없어요'라고 대답했다. 이런 식의 일처리는 분명 문제가 있다. 어떤 임무를 지시받았을 때 요구한 사항을 모두 수행했다고 일이 끝나는 것이 아니라 임무의 목적을 끝까지 달성해야 한다. 전화를 받지 않거나 메일을 회신하지 않았다면 다른 방법을 찾았어야 한다. 앞에서 이야기한 목사의 공로 없는 노력은 하느님조차 반기지 않았다. 일상생활에서든 일을 할 때든 노력과 고생만으로는 다른 사람을 만족시킬 수 없다. 아무리 많은 임무를 수행하더라도 실질적인 성과가 없으면 아무 의미가 없다는 것을 명심하자.

어떤 상황에도 통하는
말하기 기술

일레인 차오는 중국계 미국 정치가로, 부시 대통령 시절에 노동부 장관을 지낸 미국 역사상 첫 중국계 장관이었다. 일레인 차오는 어린 시절 부모님을 따라 미국으로 건너가 미국식 교육을 받았다. 많은 여성들이 결혼 후에 전업주부의 길을 선택하는 것과 달리 일레인 차오는 일찌감치 정치계에 입문했고 부시 대통령 부자와 친분을 쌓았다. 그녀는 아시아계 미국 정치가로서 늘 '미국 역사상 최초'라는 수식어가 따라다녔다. 2016년 트럼프 대통령이 취임하면서 공화당 자문 위원이었던 일레인 차오는 또다시 교통부 장관에 임명되었다. 그 이후 그녀는 '서로 다른 민족 간의 평등'이라는 다소 민감한 주제로 TV 인터뷰를 하게 되었다.

그날 인터뷰에서 일레인 차오는 굉장히 민감한 문제인 이민자와 민족에 대한 자신의 생각을 거리낌 없이 이야기했다. 그녀는 오바마 대통령을 비롯한 정치인들이 불법 이민을 무분별하게 허용해 준 것과 아프리카와 라틴계 이민자들을 우대하고 아시아인들을 차별한 정책에 관해 강하게 비판했다. 또 일부 대학의 불공평한 입학 정책과 자기 민족을 위해 목소리를 내지 않는 캘리포니아 주 아시아계 정치인들을 비판하기도 했다. 이렇게 신랄한 비판에도 불구하고 일레인 차오의 인터뷰는 그 누구에게도 반감을 사지 않았다. 가장 큰 이유는 인터뷰 내내 그녀의 말투가 굉장히 온화했기 때문이었다. 대부분의 정치인이 연설을 할 때 느껴지는 선동적인 어감이 아니라 마치 옛날이야기를 들려주는 것처럼 차분했다. 그동안 나 역시 말을 잘 하는 사람이라고 생각해왔는데 그녀의 인터뷰를 듣고 나서는 정말 감탄할 수밖에 없었다. 그리고 역대 대통령들이 그녀를 신임한 이유를 알 수 있을 것 같았다.

나는 일레인 차오의 인터뷰를 보면서 그녀의 말하기 특징을 다음과 같이 정리했다.

첫째, 관점이 굉장히 명확했다. '~일 수도 있다' 같은 모호한 논리는 전혀 찾아볼 수 없었고 다른 사람을 비판할 때도 전혀 주저함이 없었다.

둘째, 상대방의 관점을 긍정하면서도 사실적인 예를 들어 그들의 실제 행동이 관점에 위배된다는 점을 지적했다.

셋째, 다른 사람을 비판하더라도 완곡한 표현을 사용했고 '불평등'이라는 단어를 언급하거나 분노와 같은 감정을 직접 표출하지 않았다. 그래서 비판을 듣는 사람의 입장에서도 반감이 생기지 않으면서 아시아인에 대한 처우가 공정하지 않다는 사실을 확실히 표현했다.

넷째, 아시아인의 공헌과 마땅히 받아야 할 이익에 대해 이야기할 때 태도가 굉장히 당당했으며 이것은 아시아인이 훌륭하기 때문에 얻은 결과라는 사실을 분명히 이야기했다. 많은 사람들이 자기 자랑은 부끄러워서 제대로 말을 못하고, 남을 비판할 때는 표현이 적절하지 않거나 근거가 부족한 경우가 많다. 그러나 일레인 차오는 이와 정반대였다.

나는 그녀의 인터뷰를 통해 다른 사람을 설득하고 비판하는 방법 등 유용한 말하기 기술을 배울 수 있었다. 중국에는 '선비 한 사람이 십만 용병을 이긴다'는 말이 있다. 오늘날 우리에게 정말로 필요한 건 무력이나 권력을 앞세워 목적을 달성하는 사람들이 아니라 말로 상대방을 설득할 수 있는 능력을 가진 사람들이다. 이것은 문명의 진화를 보여주는 척도이기도 하다.

어떻게 다른 사람을
설득하는가

우리는 무엇을 근거로 다른 사람을 설득하는가? 많은 사람들이 이치를 근거로 설득한다고 대답할 것이다. 그렇다면 아직 사람들에게 받아들여지지 않은 새로운 이치를 근거로 설득을 할 때는 어떻게 해야 할까?

과학 역사에서 가장 유명한 사건을 두 개 꼽으라면 단연코 지동설태양중심설과 진화론일 것이다. 이 두 가지는 인류가 기존에 갖고 있던 생각을 완전히 뒤집는 것이었기 때문에 사람들이 이를 받아들이게 하는 것이 가장 큰 문제였다. 물론 여기에서 과학의 역사에 대해 자세히 이야기하려는 것은 아니다. 이를 통해 어떻게 하면 다른 사람을 설득할 수 있는지 알아보려는 것이다.

많은 사람들이 '설득'이라는 단어를 들으면 '말솜씨'를 가장 먼저 떠올린다. 그러나 화려한 언변을 갖고 있다고 누구나 다 설득을 잘할 수 있는 것은 아니다. 반대로 단 몇 마디 말로도 타인의 마음을 움직이는 사람들이 있다. 그런 사람들의 특징은 반박할 수 없는 '사실'을 제공한다는 것이다.

사람들이 지동설을 받아들일 수 있었던 이유도 말솜씨가 아니라 사실 덕분이었다. 지동설에 대해 이야기하려면 먼저 천동설지구

^{중심설}에 대해 설명해야 한다. 나는 고대 그리스 로마 시대 최고의 천문학자로 프톨레마이오스를 꼽는다. 그는 평생 많은 공헌을 했지만 그중에서도 가장 뛰어난 성과는 천동설이었다. 오늘날 사람들은 지구가 태양을 중심으로 돌아간다는 사실을 모두 알고 있지만 처음에는 태양이 지구를 중심으로 돌아간다는 결론을 당연하게 받아들였다. 프톨레마이오스의 주장이 굉장히 타당했기 때문이다. 프톨레마이오스는 태양과 모든 천체들이 지구를 중심으로 돈다는 것을 추상적으로 이야기한 것이 아니라 아주 정교한 수학 모형으로 별들이 움직이는 규칙을 설명했다. 오늘날 우리가 가진 수학 지식으로 그의 수학 모형을 살펴보면 다음과 같은 두 가지 결론을 얻을 수 있다.

첫째, 비록 물리적으로는 태양계의 상호관계가 부합하지 않지만 수학적으로는 굉장히 정확한 모형이다. 다시 말해 좌표의 원점을 태양에서 지구로 옮기면 완벽한 수학 모형이 된다.

둘째, '작은 원이 큰 원을 따라 공전한다'는 전제에 이론적으로 타당한 근거가 있었고, 그가 제시한 구체적인 모형의 함수들은 굉장히 정확했다. 그가 예견한 지구의 운행 주기는 100년마다 하루 정도 오차가 생길 뿐이다.

오늘날 많은 사람들이 프톨레마이오스의 모형은 틀린 것이라고 생각하지만 천문학계에서만큼은 그렇지 않다. 2000년 전 프톨레마이오스가 살았던 시절에는 계산기는 물론이고 계산자조차 없었고 더욱이 미적분이라는 개념도 없었다. 그런데도 그는 수십 개의 원으로 구성된 모형만으로 우주를 굉장히 정확히 묘사했다. 오늘날 모든 천문학자들이 프톨레마이오스를 높이 평가하는 것도 바로 이 때문이다.

이후 교황 그레고리오 13세가 역법을 수정하기 약 40년 전인 1543년, 폴란드의 니콜라스 코페르니쿠스가 지동설 모형을 내놓았고 이로써 근대 과학 혁명이 시작되었다. 하지만 지동설이라는 이 혁명적인 성과는 100년 가까이 사람들의 관심을 받지 못했다. 교회와 학술계에서 지동설에 딱히 찬성하는 사람은 없었고 그렇다고 반대하는 사람도 많지 않았다. 당시 사람들은 지동설을 천체 운동을 묘사한 하나의 물리적 모형으로만 간주했다. 새로운 이론이 등장하면 찬성이든 반대든 사람들의 반응이 있어야 하는데 가장 안타까운 건 아무 반응이 없는 것이다. 지동설이 처음 등장했을 때가 꼭 그랬다. 사람들은 이상하리만큼 아무 반응도 보이지 않았다.

지동설은 역사의 한 획을 긋고 가톨릭의 통치 기반을 뿌리째 흔든 계기가 되었던 엄청난 이론이다. 그런데 왜 당시에는 아무도 주목하지 않았던 걸까? 여기에는 두 가지 원인이 있다. 첫째, 지동설은 학설의 일종으로 사실 코페르니쿠스 이전, 심지어 프톨레마이오스 이전부터 존재해왔다. 고대 그리스의 철학자 헤라클레이토스와 아리스타르코스도 코페르니쿠스와 굉장히 비슷한 묘사를 했고 비록 로마 병사에 의해 훼손되기는 했지만 아르키메데스가 만든 천체 모형 역시 당시의 묘사에 따르면 지동설에 관한 모형이었다는 것을 추측해볼 수 있다. 코페르니쿠스가 이전의 과학자들보다 나은 점이 있다면 태양계에 대한 묘사와 더불어 계량화된 모형을 제공한 것이다. 둘째, 코페르니쿠스의 지동설 모형은 단순하고 이해하기도 쉬웠지만 프톨레마이오스의 모형만큼 정확하지 않았다. 그래서 사람들은 처음부터 그의 모형을 정확하지도 않고 유용하지도 않은 것이라고 생각했다.

반세기가 조금 넘었을 무렵 이탈리아의 한 신부가 천동설과 지동설 중 하나를 반드시 선택해야 하는 상황에 놓였다. 그 신부는 바로 지오다노 브루노였고 그는 끝까지 지동설을 지지하다가 결국 교회에 의해 화형을 당했다. 브루노가 살았던 시대의 사람들은 상식과 일치하지 않는 지동설을 쉽게 이해하지 못했고, 엘리트 충주로 성직자들은 워낙 천동설을 신뢰했기 때문에 지동설을 끊임없이 의심했다. 그래서 사회 전체에 지동설을 이해시키는 건 굉장히 어려운 일이었다. 이쯤에서 다른 사람을 설득하는 방법에 관한 문제로 돌아와 보자. 내가 어떤 새로운 방법을 발견했는데 일부분은 기존의 방법보다 훨씬 낫지만 그 외 나머지가 기존의 방법보다 못하다면 사람들이 의심하고 거부하는 것은 당연한 일이다. 물론 그건 사람들이 이미 기존의 방법에 익숙해져 있기 때문이기도 하다. 이때 새로운 방법을 지지하는 사람이 나타나 사람들을 설득해보겠다고 잘못된 방법으로 나서면 어떻게 될까. 예를 들어 다른 사람이 믿는 방법을 공격하고 뒤에서 그 사람의 사생활을 지적한 다음 새로운 방법을 소개하는 것이다. 그러면 그것이 진실이든 아니든 사람들은 감정적으로 받아들이지 못한다. 만약 그 사람이 말솜씨가 굉장히 좋아서 사람들의 입이 떡 벌어지게 만들어 놓았다면? 이때 화려한 말솜씨는 장점이 아니라 오히려 시기와 질투를 불러일으킬 수 있는 요소다. 불행히도 브루노는 이런 방법을 사용했고 결국 교회의 핍박을 받게 되었다.

그럼 효과적으로 설득하는 방법은 과연 무엇일까? 먼저 오늘날 지동설이 어떻게 학계에 자리 잡게 되었는지 알아보도록 하자. 이 일은 갈릴레오 갈릴레이, 요하네스 케플러, 아이작 뉴턴 이 세 사람의 공이 가장 컸는데 그중에서도 갈릴레이의 역할이 가장 컸다. 1609년 갈릴레이는 자신이 제작한 천체망원경으로 하늘을 관찰하던 중 지동설을 뒷받침할 수 있는 새로운 현상들을 발견했다. 예를 들면 목성의 위성체계, 금성일식 현상 등이다. 이러한 현상은 천동설로는 설명하기 힘들었고 오직 지동설로만 설명이 가능했다. 이러한 증거들이 발견되자 과학자들과 엘리트층을 중심으로 지동설을 차츰 받아들이기 시작했다. 이후 케플러가 원형 궤도를 타원형 궤도로 바꿔 모형을 수정하자 지동설은 훨씬 더 정확해졌고 사람들도 믿음을 갖게 되었다. 뉴턴은 행성이 항성 주위를 돌며 움직인다는 것에 대한 합리적인 설명을 내놓았고 이제 사람들도 대부분 지동설을 받아들이게 되었다. 비록 교회에서는 갈릴레이에 대한 처분을 철회하지 않았지만 이미 암묵적으로 지동설을 인정하고 있었다.

일을 할 때 다른 사람을 효과적으로 설득하는 것은 커리어의 발전과 승진에 굉장히 중요한 문제다. 좋은 아이디어나 방법이 떠올랐을 때 그 자체만으로는 상대방을 설득하기 힘들다. 특히 이미 기존의 방식에 익숙해져 있는 상사라면 더욱 힘들 것이다. 좋은 생각이 떠오르자마자 상사에게 달려가 이야기하는 사람들이 있다. 하지만 이런 경우 상사에게 문제점만 잔뜩 지적받고 돌아올 가능성이 높다. 그럼 그 사람은 상사가 자신을 괜히 미워한다고 생각하게 된다. 사실 이런 상황에서는 더 좋은 방법이 있다. 상사에게 반기를 들거나 어떻게든 말로 설득하려고 하지 말고 반박할 수 없는 사실을 보여주면 된다. 즉, 상대방이 받아들일 수 있는 방법으로 설득을 해야 한다는 것이다. 그 누구도 사실을 무시하지는 못한다.

한때 마이크로소프트 주요 부서의 책임자였던 루치는 다국적 기업에서 가장 높은 자리까지 올라간 중국인으로 잘 알려져 있다. 그래서 많은 사람들이 그의 성공 비결을 궁금해 했는데 그럴 때마다 그는 자신이 경험한 일을 이야기해줬다. 루치가 야후에서 일할 때 그의 가장 큰 임무는 새로운 제품이나 설계가 나올 때마다 고위 간부들을 설득하는 일이었다. 새로운 무언가가 나왔다는 것은 창업주인 제리 양이 직접 설계하고 사용했던 시스템을 뒤집을 것이라는 의미이기 때문에 쉽게 설득할 수 있는 일은 아니었다. 만약 기존에 야후가 사용하던 시스템이 천동설이고 루치가 새롭게 들고 온 방안이 지동설이라고 해보자. 아마 이야기를 꺼내는 순간 제리 양은 수없이 많은 질문을 할 것이고, 만약 이 질문에 제대로 답을 하지 못하면 임원들의 지지를 얻지 못할 것이다. 게다가 이런 질문들에 대해 적당히 말로 둘러대는 것은 아무 의미가 없었다. 루치는 제리 양 등 임원들이 물어볼 법한 질문들에 대비해 모의실험을 하는 등 철저한 준비를 했다. 그는 이렇게 자신이 새롭게 내놓을 방안이 기존보다 더 큰 수익을 가져다 줄 것이라는 사실을 직접 증명했다. 임원들은 자신이 설계했던 제품에 대한 아쉬움은 있을지언정 사실을 인정하지 않을 수 없었다. 어쨌든 기업에게는 수익이 우선이니 말이다. 제리 양은 루치의 이러한 설득력을 높이 평가했고 그를 엔지니어링 총괄자로 승진시켰다.

직장에서 새로운 방법을 발견했을 때 브루노처럼 직언할 수 있는 사람도 대단하지만 사실은 갈릴레이처럼 증거를 직접 가져와 설득하는 편이 훨씬 효과적이다. 그런데 이미 근거가 될 만한 사실들은 준비되었지만 말솜씨가 없고 사람들 앞에 나서는 것이 부끄러워 상대방을 설득하지 못하는 사람들은 어떻게 해야 할까? 이럴 때야말로 지원병이 필요한 순간이다. 먼저 과학 역사의 또 다른 한 획을 그은 진화론에 대해 알아보도록 하자.

초기에 관심을 전혀 받지 못한 지동설과는 달리 진화론은 처음부터 전 세계 많은 사람들의 주목을 받았다. 진화론을 옹호하는 학자들과 사회 인사, 그리고 진화론을 반대하는 교회와 보수주의 인사들이 치열한 논쟁을 벌였다. 이러한 논쟁은 1세기가 넘게 이어졌고 2008년 영국 교회는 다윈이 세상을 떠난 지 100여 년이 지나서야 진화론을 반대한 것에 대한 사과 성명을 발표했다. 몇 년 후 프란체스코 교황이 진화론을 완전히 인정함으로써 가톨릭은 완전히 고개를 숙이게 되었다.

진화론을 받아들이는 데 왜 이렇게 오랜 시간이 걸린 걸까? 당시의 사회 분위기를 떠올려 보면 왜 서양 사람들이 처음에 진화론에 대해 반신반의했는지 이해할 수 있다. 서양 사람들은 아주 오래전부터 사람은 하느님에 의해 창조된 것이라고 믿고 살았는데 하루아침에 사람은 진화된 것이라고 하니 혼란스러울 수밖에 없었을 것이다. 게다가 초기의 진화론은 허점이 많은 가설일 뿐이었기 때문에 진화론을 반박하는 근거를 찾는 일은 너무나 쉬웠다.

사람들이 진화론을 받아들인 과정은 새로운 사물을 받아들이는 과정과 비슷했다. 진화론의 창시자는 다윈이었지만 그 이후에 이 이론을 수호하고 전 세계 사람들의 관심을 이끌어낸 건 동시대를 살았던 고생물학자 헉슬리였다. 다윈은 원래 말솜씨가 부족한 사람이어서 자신의 이론을 적극적으로 변호하지 못했고, 논쟁이 두려워 연구 성과를 발표하지도 못했다. 다행히 윌러스라는 젊은 학자가 등장해 다윈이 자신의 이론을 발표할 수 있도록 적극 밀어줬다. 하지만 다윈은 그의 이론이 사회적으로 큰 파문을 일으켰을 때 자신을 적절히 변호하지 못했고 이 임무는 '다윈의 투견'이라고 불린 헉슬리에게 주어졌다. 처음 진화론이 세상에 나왔을 때 일부에서라도 인정을 받을 수 있었던 것은 모두 헉슬리의 공로 덕분이었다. 그렇다면 헉슬리는 어떤 방식으로 사람들을 설득했을까?

먼저 헉슬리는 종교적인 부분을 완전히 반대하지 않았고 일부 시대에 뒤떨어진 사상만을 반대했다. 진화론은 교회의 근간을 뿌리째 흔들어놓는 가설이었기 때문에 보수적인 성직자들의 반대는 당연했다. 오늘날까지도 전 세계적으로 수십 억 명의 신도들이 종교의 교리를 믿고 있다. 그러므로 진화론이 받아들여지기 위해서는 가톨릭이라는 종교 자체를 완전히 부정할 수 없었다. 이를 직장 생활에 비유하면 헉슬리의 방법을 이해하는 데 도움이 될 것이다. 만약 회사에서 모바일 단말기 제품을 담당하고 있는 책임자에게 가서 다짜고짜 모바일 단말기가 곧 시장에서 도태될 것이라고 말한다면 제품을 담당하는 책임자뿐만 아니라 수천, 수만 명에 달하는 고객들도 쉽게 수긍하지 못할 것이다. 그러나 방식을 바꿔 모바일 단말기의 일부 기능이 시대에 뒤떨어져 업그레이드가 필요하다고 말한다면 곧바로 찬성하지는 않더라도 크게 반대하지도 않을 것이다. 물론 이렇게 하면 사용자들도 심리적으로 조금 더 쉽게 받아들일 수 있다. 이처럼 모든 일은 감정적으로 해결하기보다는 일의 본질에 초점을 맞춰 접근해야 한다.

물론 진화론을 주장하려면 《성경》의 일부 내용을 부정하는 것은 불가피했다. 《성경》과 다윈의 《종의 기원》을 놓고 봤을 때 가장 크게 충돌하는 부분은 단연코 〈창세기〉다. 헉슬리는 〈창세기〉 중 대홍수에 관한 내용을 부정했는데 이 내용이 잘못되었다는 것을 증명한다면 창조론 자체가 크게 흔들릴 것이었다. 헉슬리는 자신이 메소포타미아 지역에서 고찰한 결과를 바탕으로 대홍수에 관한 묘사는 고대 사람들이 홍수에 대한 경험을 상상을 덧붙여 과장되게 묘사해놓은 것뿐이라고 설명했다. 또 메소포타미아에는 전 세계를 침몰시킬 만큼 큰 강이 없고 전 세계가 침몰 당했었다는 결정적인 증거도 없다는 사실을 언급했다. 이러한 헉슬리의 철저한 분석 덕분에 생각이 깨어 있는 사회 인사들을 주축으로 점차 더 많은 사람들이 그의 관점을 받아들이기 시작했다.

앞에서 예로 들었던 모바일 단말기의 경우 제품에 업그레이드가 필요하다고 설명하려면 일부 기능이 너무 뒤떨어져서 사용자들이 불편할 거라는 사실만 언급하면 된다. 제품 전체를 완전히 바꿔야 한다는 말은 큰 도움이 되지 않는다. 흥미로운 사실은 헉슬리도 다윈의 모든 관점을 다 받아들인 것은 아니었다. 그가 정말로 지키고 싶었던 것은 진화론 중 자연선택이론이었다. 오늘날 헉슬리에 대한 사람들의 평가가 썩 좋지 않은 이유는 그가 자연선택이론을 통해 사회현상을 설명했고 많은 사람들이 반감을 갖고 있는 사회

다윈주의다윈의 생물 진화론을 자연과 사회의 차이를 무시하고 사회학에 도입하여, 생존경쟁과 자연도태를 '사회진화'의 기본적 동력이라고 보는 학설의 수호자였기 때문이다. 하지만 헉슬리가 초기에 진화론을 수호한 공로는 절대 부정할 수 없다. 헉슬리가 없었다면 사람들이 진화론을 받아들이는 데 훨씬 더 오랜 시간이 걸렸을 것이다.

사람들은 흔히 협력 파트너를 찾을 때 나와 생각이 완전히 일치하는 사람을 찾고 싶어 한다. 그러나 그런 사람은 존재하지 않는다. 내가 가진 생각을 세상에 더 잘 전달하기 위해서는 헉슬리 같은 사람이 필요하다. 나와 생각이 완벽하게 일치하지 않더라도 내 생각을 전달하기 위해 끊임없이 노력해줄 수 있는 바로 그런 사람 말이다.

회사에서 기술 전문가들을 보면 좋은 아이디어가 있거나 유용한 발명을 해놓고도 이를 제대로 알리지 못해 귀중한 생각들이 그대로 묻혀버리는 경우가 많다. 이때 그들이 생각하고 만들어 낸 제품을 널리 홍보해줄 매니저 같은 사람이 있다면 세상에서 제 역할을 할 수 있게 될 것이다. 물론 헉슬리는 일부 신도들이 진화론을 받아들일 수 있도록 설득한 것이지 교회 전체가 진화론을 받아들이도록 설득한 것은 아니었다. 교회가 이 이론을 받아들일 수밖에 없었던 이유는 두 부류의 사람들 때문이었다.

첫 번째 부류는 진화론의 허점을 끊임없이 보완하고 메우려는 생물학자들이었다. 다윈의 진화론은 아주 오랜 기간 제대로 설명하기 힘든 가설이었다. 비록 진화론을 통해 여러 자연 현상의 변화를 설명할 수 있었지만 한편으로는 기타 현상들과 서로 모순되기도 했다. 뿐만 아니라 내부적인 논리가 탄탄하지 않았고 과학자들의 새로운 발견과 상충되는 부분도 많았다. 다행이었던 건 과학자들이 최신 과학 연구를 통해 진화론을 끊임없이 보완하고 수정해왔다는 것이다. 덕분에 오늘날 진화론이 하나의 과학 이론으로 자리 잡을 수 있었다.

두 번째 부류는 유전학자들이었다. 다윈이 진화론을 연구할 때 오스트리아에서는 전도사였던 멘델 역시 생명의 오묘함과 생물 간의 관계에 대해 연구하고 있었다. 멘델은 나중에 유전자의 규칙을 찾아냈다. 그 이후 미국의 과학자 모건이 세포 내 염색체에 해당 종의 유전물질이 들어 있다는 사실을 발견하면서 유전학의 기반을 마련했다. 2차 세계대전 이후에는 영국과 미국의 과학자들이 함께 DNA의 이중나선 구조를 확인하면서 생명의 비밀이 풀렸고 유전자의 갑작스러운 변화가 종의 변이와 진화에 미치는 영향을 이해할 수 있게 되었다. 이러한 현대 생물학과 유전학의 연구 결과는 생물의 조상이 동일하다는 주장에 힘을 실어줬다.

이처럼 여러 사람들이 노력한 덕에 진화론은 설득력 있는 증거를 갖게 되었다. 마침내 교회는 진화론의 과학성을 인정했고 그동안 진화론을 반대해왔던 일에 대해 사과했다.

회사에 다니는 젊은 직장인들이 가끔 내게 이런 불만을 이야기할 때가 있다. 상사가 너무 고집이 세다거나, 사내 문화가 너무 경직되었다고 말이다. 나는 그럴 때마다 교회가 진화론을 받아들이기까지의 과정을 이야기해준다. 그런 다음 다시 묻는다.

"자네 상사가 교회보다 더 보수적인가?"

만약 본인의 생각이 사람들의 지지를 받지 못한다면 주변을 돌아보자. 우리에게 정말 필요한 건 두 부류의 동맹이다. 첫 번째 부류는 헉슬리처럼 내 생각을 옹호해주는 사람이고 두 번째 부류는 이성적으로 근거를 찾는 데 도움을 주는 사람이다. 한 사람의 성공 여부는 개인의 능력뿐만 아니라 주변의 자원을 얼마나 잘 활용하는가에 따라 결정된다.

성장을

꿈꾸는

너에게

발표를
잘하는 법

이 장에서는 내가 아미노캐피털 총회에서 실제로 발표한 자료를 바탕으로 어떻게 하면 짧은 시간에 많은 내용을 효율적으로 전달할 수 있는지 알려주려고 한다.

먼저 발표를 준비하기 전에 청중이 누구인지 파악하는 것이 중요하다. 청중이 누구냐에 따라 발표하는 방식도 달라져야 하기 때문이다. 일반적으로 펀드회사 총회의 참석자 수는 많지 않은 편이다. 주로 현재 펀드에 투자하고 있는 현 투자자들과 앞으로 투자 계획이 있는 잠재적 투자자들, 그리고 회사의 창립 멤버 정도가 참석한다. 이런 사람들은 대개 회의실에 앉아 오랫동안 누군가의 발표를 듣는 일에 익숙하지 않으므로 최대한 짧은 시간 안에 필요한 내용을 전달해야 한다. 그날 내가 준비한 PPT 자료는 총 5장이었고 한 장에 2분 정도의 시간을 할애해 내용을 전달했다.

(1) PPT 첫 번째 장: 우리는 누구이고 지난 몇 년간 무슨 일을 했는가

이 장의 목적은 지금까지의 일들을 정리해 현 투자자들에게 내용을 보고하고 새로운 펀드 투자자를 유치하는 것이다. PPT에 담긴 내용은 다음과 같았다.

- 지금까지 얼마나 많은 회사에 투자했는가.

- 현재 투자하고 있는 회사의 가치는 얼마나 올랐는가.

- 얼마나 성공적으로 돈을 회수했는가.

- 얼마나 많은 실패를 했는가.

> 이 부분은 생략하지 말고 반드시 들어가야 한다. 똑똑한 투자자 혹은 창업자
> 라면 성공 사례만 있고 실패 사례는 없는 회사에 강한 의심을 품을 것이다. 때
> 로는 나쁜 소식을 먼저 전하고 그 다음에 좋은 소식을 전하는 방식도 효과
> 적이다. 나쁜 소식이 정말로 심각한 것만 아니라면 오히려 긍정적인 작용을 할
> 수 있다.

화면에 너무 많은 내용을 담으려고 하면 정작 중요한 내용이 무엇인지 파악하기 힘들다. 우리는 위와 같은 몇 가지 정보를 통해, 회사의 성과와 강점을 효과적으로 전달할 수 있었다. 회사에 대한 설명은 이걸로 충분했다.

(2) PPT 두 번째 장: 우리는 무엇을 제공하는가

벤처 투자 회사에서는 당연히 돈을 제공한다. 그러나 우리가 제공하는 것은 비단 돈뿐만이 아니다. 투자금은 어디에서나 구할 수 있으며 결코 희귀 자원이 아니다. 그래서 우리는 창업자들에게 돈 이외에도 두 가지 서비스를 더 제공한다.

첫 번째는 연결 서비스다. 우리 회사에서는 창업하는 회사에 실

리콘밸리의 다른 기업들과 기타 투자기관을 연결해주는 서비스를 제공한다. 또 중국 시장에 진출하고 싶은 회사에게도 도움을 제공한다.

두 번째는 기술 및 경영에 관련된 도움이다. 우리 회사의 협력 파트너들은 대부분 기술 전문가 출신이기 때문에 다양한 분야에서 기술적인 도움을 제공할 수 있다. 그밖에도 여러 분야의 고문을 두고 있기 때문에 원한다면 유료 자문 서비스를 제공하기도 한다. 물론 비용은 우리 회사에서 지불하므로 창업자들은 지갑을 열 필요가 없다.

이로써 회사의 특징을 명확히 소개하고 첫 번째 장의 내용과도 연계해서 우리가 지금까지 어떻게 성공을 유지해왔는가에 대한 부분도 다시 한번 강조할 수 있었다.

(3) PPT 세 번째 장: 우리 회사의 투자 철학

이 장에서는 창업자, 즉 '투자 대상'의 중요성에 대해 이야기하며 우리가 투자 대상을 선정할 때 중요하게 생각하는 점 세 가지를 나열했다.

> · 일류 투자자는 이류 프로젝트도 일류로 만들 수 있
> 다. 하지만 이류 투자자는 일류 프로젝트를 맡겨도

이류, 삼류로 전락시킨다.

- 세상은 빠르게 변화하기 때문에 창업자가 당초 계획
  했던 것과 실제 성공은 큰 차이가 있을 수 있다. 그러
  므로 어떠한 변화에도 능수능란하게 대처할 수 있
  는 인재여야 한다.
- 신뢰를 지킬 줄 아는 사람이어야 한다.

(4) PPT 네 번째 장: 프로젝트에 대한 생각

나는 투자금을 얻기 위해 찾아온 창업자들과 이야기할 때 돈
에 관한 생각은 잠시 내려놓아달라고 부탁한다. 그리고 만약 창
업을 해서 지금 계획하고 있는 프로젝트를 실행하면 세상에 어떤
긍정적인 변화가 있을 수 있는지 묻는다. 남의 성공을 무조건 따
라하는 사람들은 절대 이 질문에 답을 할 수 없다. 그들은 설령
창업에 성공한다 하더라도 산업 경쟁을 부추길 뿐 세상에 어떤 변
화도 일으킬 수 없다. 프로젝트가 성공해 세상을 변화시킬 수 있
다면 그 변화가 크든 작든 아주 긍정적인 일이며 앞으로의 투자자
들에게도 좋은 일이다.

이러한 원칙을 바탕으로 우리 회사에서는 절대 투기 목적을 가
진 사람에게는 투자하지 않는다. 그들이 단기에 큰돈을 벌어 높

은 수익을 가져올 수 있다고 해도 마찬가지다. 벤처 투자의 목적은 세상을 변화시키고자 하는 이상이 있지만 재정 능력이 없어 꿈을 실현하지 못하는 사람들을 돕는 것이다. 창업을 해서 회사를 크게 키워나가는 사람들을 보면 하나같이 올바르고 명확한 목표가 있다. 그들은 남들이 한다고 해서 맹목적으로 따라하지 않고 과열된 시장에도 절대 발을 들이는 법이 없다.

(5) PPT 다섯 번째 장: 트렌드에 대한 생각

IT산업에 종사하는 사람들은 '트렌드'라는 단어를 입에 달고 산다. 어떤 사람은 어딜 가나 앞으로의 트렌드를 예측하느라 바쁘다. 그러나 몇 년 후 실제 상황과 그들의 예측을 비교해보면 정확하지 않은 경우가 대부분이다. 나는 예측은 믿을 수 없는 것이라고 생각한다. 투자자로서 우리가 할 수 있는 일은 사실에 대해 올바르게 반응하는 것뿐이다. 그래서 우리는 투자를 할 때 절대 미래를 걸고 도박을 하지 않는다. 그 어떤 창업자도 아무 계획 없이 우리 회사를 찾아오지는 않는다. 그들이 하고 싶다고 하는 일은 분명 자신의 경험과 특기를 바탕으로 오랜 시간 고민해서 얻은 결과일 것이다. 그들은 어떤 기술에 상업적 기회가 숨어 있는지 알고 있고, 생활 속 불편함에 대한 해결 방법을 갖고 있기도 하다. 또 기존 제품의 문제점을 발견해 개선할 수 있는 방안을 가진 사람도 있다. 이때 여러 사람이 같은 문제를 바라보고 비슷한 생각을 갖고 있다면 이것이 바로 '트렌드'인 것이다. 트렌드는 어떤 전문가의 선지적인 능력에서 나오는 것이 아니라 오히려 아래에서 위로 올라가 형성된다. 이상적인 체제에서는 하위 층에서부터 동력이 형성될 수 있도록 장려한다. 대신 브레이크는 상위 층에서 잡을 수 있다. 혁신도 마찬가지다. 동력은 하위에 있는 모든 창업자로부터 나와야 하고 브레이크는 상위에 있는 자금과 자원을 가진 사람들에게 있어야 한다. 그러므로 벤처 투자자가 해야 할 일은 창업자의 생각을 올바르게 판단해주는 것이다.

총회에서 내가 이야기한 내용은 이 정도다. 10분이라는 짧은 시간이었지만 내가 전하고 싶었던 의미들은 충분히 전달되었다고 생각한다. 발표자들은 혹시나 중요한 내용을 깜빡했을까 봐 결론을 너무 길게 이야기하는 경향이 있다. 그러면 청중은 지루함을 이기지 못하고 졸거나 휴대폰을 보며 딴짓을 하게 된다. 그러니 차라리 발표할 내용을 최대한 짧게 간추려 중점적인 내용만 이야기하는 편이 훨씬 효과적이다. 청중이 5분이라도 집중해서 듣고 중점 내용 한두 가지라도 기억한다면 발표의 목적은 충분히 달성한 것이다.

전략적인 측면에서 이야기해보면 내가 작성한 PPT 다섯 장 중 뒤의 네 장은 첫 장을 뒷받침하는 내용들이었다. 그러면 발표하는 10분 내내 한 가지 큰 주제, 즉 우리 회사가 그동안 얼마나 좋은 성과를 냈고 앞으로도 얼마나 잘할 수 있는지에 관해 이야기할 수 있다. 이를 통해 현 투자자들을 안심시키고 잠재 투자자들의 마음을 움직일 수 있는 것이다.

발표자들은 어떻게든 한 번에 많은 내용을 전달하고 싶어 하지만 사실 청중이 집중할 수 있는 시간은 길어야 20분 정도다. 그러므로 아무리 훌륭한 강연자도 한 번에 열 가지 내용을 명확히 이해시키는 건 어렵다. 한두 가지 내용만 전달할 수 있어도 소기의 목적을 달성한 셈이다. 발표를 정말 재미있게 들었다면 다음에 또 찾아와 들으려고 할 것이다. 그때 전달하지 못한 나머지 내용을 이야기해도 늦지 않는다. 하지만 발표가 지루하게 느껴졌다면 아무리 많은 내용을 전달했다 한들 그것이 마지막 발표가 될 것이다.

PART 2

투자와
경영

4장

경제적으로 사고하기

"세상에는 계속해서 새로운 상업적 개념이 생겨나지만 어떤 개념이든 종국에는 새로울 게 없다는 사실을 깨닫게 된다. 사실 개념을 어떻게 부풀리든 상업의 본질은 지난 수천 년 동안 아무것도 변한 것이 없다."

츠타야 서점이
성공한 이유

인터넷 쇼핑이 가능해지면서 사람들은 많은 시간을 절약하고 더 저렴하게 물건을 구입할 수 있게 되었다. 그럼 이렇게 절약한 돈과 시간은 어디에 쓰게 될까? 절약한 시간만큼 나를 위한 공부를 하고, 절약한 돈은 잘 모아서 투자를 할까? 많은 사람들이 생각은 하지만 이를 실천하는 사람은 거의 없다. 아니, 실천하지 못하는 것이다. 대부분은 절약한 돈과 시간을 의미 없이 흘려보낸다. 사실 이것은 의지의 문제가 아니라 사람의 본성이 원래 그렇다.

사람은 의식주가 해결되고 나면 즐거움을 추구한다. 그리고 경제적인 수준이 높아지면 이러한 열망은 더욱 커진다. 과학기술의 발전 덕분에 이제는 현장에 직접 가지 않아도 똑같은 즐거움을 느낄 수 있게 되었지만 돈과 시간이 많아지면서 오히려 정반대의 선택을 하는 사람들도 많아졌다. 즉 온라인에서 오프라인으로, 가상의 세계에서 현실 세계로 돌아온 것이다. 그럼 이러한 현상이 우리 생활에 어떤 영향을 주는지 알아보도록 하자.

마르코 폴로 시대에는 사람이 직접 어떤 장소에 가야만 세계 각지의 자연 명소와 여러 문명의 걸작들을 감상할 수 있었다. 그러다가 영상 촬영 기술이 발달하면서부터는 집에 가만히 앉아서도 남극의 경관을 즐길 수 있게 되었다. 30년 전만 해도 연말이 되면 가게마다 각종 풍경이나 아름다운 여인들의 사진으로 꾸며진 각양각색의 달력을 팔았다. 그때는 세계 여러 나라를 소개하는 TV 프로그램이 많았는데 쉽게 여행을 떠날 만큼 풍족했던 시절이 아니어서 대부분 이런 사진과 영상들을 보며 만족했다. 그러나 요즘 사람들은 마음만 먹으면 언제든 여행을 떠나 영상이 아닌 진짜 풍경을 감상한다.

또한 영화가 발명되기 이전에는 유명한 연극이나 무대 예술을 보려면 무조건 현장에 가야 했다. 하지만 기술이 발달하고 대중오락 산업이 생겨나면서 사람들은 지구 반대편에서도 세계 일류 예술가의 공연을 감상할 수 있게 되었다. 그러나 요즘 사람들은 굳이 비싼 돈을 주고, 많은 시간을 투자해 공연이나 음악회를 현장에서 직접 즐기는 것을 더 선호한다.

스포츠도 마찬가지다. TV 실황 중계가 없었던 시절에는 경기장을 찾아가야만 스포츠 경기를 볼 수 있었다. 그러다가 실황 중계라는 기술이 생겨나면서 이제는 TV만 켜면 어떠한 경기든 볼 수 있게 되었다. 집에서 편안하고 저렴하게 세계적인 경기를 즐길 수 있게 된 것이다. 그러나 요즘 경제적인 조건이 좋은 스포츠 팬들은 해외로 나가 유럽 프리미어리그나 NBA 경기를 직접 관람한다.

이처럼 오프라인에서 온라인으로 갔다가 다시 오프라인으로 돌아온 예시는 이것보다 훨씬 많다. 사실 이러한 현상은 경제와 사회가 충분히 발달한 후 나타나는 필연적인 결과다. 다만 문제는 오늘날 여전히 많은 사람들이 오프라인, 즉 현실 속 활동을 온라인으로 옮기는 데만 집중해 있고 그 반대는 간과한다는 데 있다. 거기에 더 많은 상업적 기회가 숨어 있는데도 말이다.

이러한 추세를 읽고 현실에 잘 접목한 사람이 바로 일본 츠타야 서점의 창업주 마스다 무네아키다. 일본인들은 책 읽기를 좋아하는 민족 중 하나다. 일본의 지하철을 타보면 많은 사람들이 책을 읽고 있는 모습을 볼 수 있다. 그러나 1970년대부터 워크맨과 CD플레이어 그리고 휴대용 게임기가 등장하면서 젊은 층의 독서량이 점점 줄어들기 시작했고 동시에 출판 산업도 내리막길을 걷기 시작했다. 바로 이때, 마스다 무네아키는 시대의 흐름을 거슬러 히라카타 시에 츠타야 서점을 열었다. 그러나 사실 서점에서 취급하는 책과 영화, 음반 등은 사람들을 끌어들이기 위한 미끼였을 뿐, 이를 통해 돈과 시간의 여유가 있는 사람들을 위한 생활 플랫폼을 만든 것이다.

히라카타 시에 사는 사람들의 수입은 일본 평균 수준보다 높은 편이고 생활 리듬도 도쿄만큼 빠르지 않아서 상대적으로 돈과 시간의 여유가 있었다. 마스다 무네아키는 어떻게 하면 돈과 시간 모두를 쓰게 할지에 대해 고민했다.

일본인들의 주거면적은 넓은 편이 아니어서 주말에는 보통 바깥에서 시간을 많이 보낸다. 마스다 무네아키는 이 점을 참고해 사람들이 여가 생활을 즐길 수 있는 공간을 만들어야 한다고 생각했다. 츠타야 서점을 지을 때 그는 서점이 될 건물과 함께 주변의 건물 두 채를 더 매입하고, 서점의 공간 일부를 여러 상점에 임대해서 하나의 생활공간을 구축했다. 그리고 이 공간을 CCCculture Convenience Club라고 불렀다. 여기에는 맛있는 음식점도 있고 고급 상점들도 있어 온 가족이 이 안에서 하루 종일 시간을 보낼 수 있다. 츠타야 서점은 그 자체로도 굉장히 특색 있고 매출도 높은 편이었지만, 진짜 수익은 부동산, 즉 입점한 상점들로부터 받은 임대료에서 나왔다.

흥미로운 점은 츠타야 서점이 유명해지고 상업적으로 성공한 시기는 인터넷 산업이 부흥한 이후라는 것이다. 1999년 아마존이 일본에 진출하기 1년 전, 마스다 무네아키는 모든 자산을 츠타야 서점의 온라인 사이트를 구축하는 데 쏟아 부었다. 과연 그가 오프라인 서점을 포기하려는 계획이었을까? 절대 아니다. 츠타야 서점 홈페이지에서는 아마존처럼 책을 구입하고 음악을 다운로드

할 수 있었지만, 진짜 목적은 새로운 기술을 통해 더 많은 고객을 불러 모으고 그들이 실물 서점에서 소비하도록 만드는 것이었다. 실제로 홈페이지에 들어가 보면 아마존이나 징둥 같은 전자상거래 사이트라기보다는 음식이나 생활의 팁을 소개하는 사이트 같다는 느낌을 받는다.

오늘날 츠타야 서점의 회원은 7천만 명을 넘어섰다. 일본의 전체 인구가 1억 명이 조금 넘는다는 점을 감안하면 엄청난 수다. 마스다 무네아키는 이렇게 말했다.

"저는 온라인과 오프라인이 서로 시너지 효과를 일으킬 수 있는 방법을 찾았고 CCC가 최적의 선택이었습니다."

이후 CCC는 일본에 10개가 넘는 서점과 1만 개에 가까운 가맹점을 열었다. 가맹점에서는 문화 용품 판매뿐만 아니라 사람들이 여가를 즐길 수 있는 카페와 찻집 등도 운영하고 있다.

마스다 무네아키의 성공 경험을 연구하고 종합한 결과, 나는 다음과 같은 세 가지 깨달음을 얻었다.

첫째, 상업의 본질은 사람들이 돈과 시간을 아끼게 하는 것이 아니라 더 많이 쓰게 만드는 것이다. 사람들이 기꺼이 돈과 시간을 쓰게 만드는 것은 일종의 예술이고 마스다 무네아키는 그 일을 해낸 예술가다. 그러나 돈을 벌고 싶다고 마스다 무네아키의 방법을 그대로 따라하면 안 된다.

둘째, 사람은 본래 남이 하는 대로 따라하는 경향이 있다. 예를 들어 '인터넷 시대'라고 하면 다들 온라인에 대해서만 이야기하는데 그럴수록 독립적으로 사고하는 노력이 필요하다. 사물의 본질에서 출발해 고민하다 보면 생각 없이 남을 따라하는 사람들이 놓치는 기회를 찾을 수 있을 것이다.

마지막은 마스다 무네아키가 신기술을 대하는 태도에 관한 것이다. 그에게 인터넷은 목적이 아니라 수단일 뿐이었다. 그는 플랫폼의 회원 수를 늘리는 데 인터넷을 사용했다. 만약 인터넷이 없었다면 츠타야 서점과 CCC의 커다란 성공도 없었을 것이다. 마스다 무네아키는 엄청난 돈을 투자하지도 않았고 자신이 하려는 일을 애써 과대하게 포장하지도 않았다. 그의 성공은 독립적인 사고와 상업의 본질에 대한 깊은 이해에서 비롯된 것이다.

성장을

꿈꾸는

너에게

선택의 폭을
줄이는 전략

만약 제품이나 서비스를 자유롭게 선택할 권리를 준다면, 고객들은 더 크게 만족할까? 꼭 그렇지만은 않다. 오히려 선택권이 적거나 없을 때 더욱 만족하는 경우가 많다.

애플은 사용자들에게 다양한 선택지를 제공하지 않는다. 그런데도 전 세계 수많은 '애플 마니아'들에게 사랑받고 있다. 왜 그럴까? 대부분의 휴대폰 제조업체는 다양한 사람들의 취향을 만족시키기 위해 수십 혹은 수백 가지 휴대폰을 만들어 낸다. 그러나 종류가 너무 많다 보니 정작 고객들은 선택에 어려움을 느낀다. 게다가 사람의 욕심은 끝이 없어서 100% 만족하기란 불가능하다. 화웨이의 자회사 하이실리콘의 허팅보 총재의 말에 따르면 애플이 3세대 휴대폰을 출시할 무렵, 삼성에서는 고객들에게 선택권을 많이 주지 않았을 때 오히려 만족도가 높아진다는 사실을 깨달았다고 한다. 삼성은 곧장 100개에 가까운 휴대폰 모델을 다섯 손가락 안에 꼽을 수 있을 정도로 대폭 정리했다. 그리고 그렇게 몇 개 안 되는 모델로 오랜 기간 시장 점유율 1위의 자리를 지킬 수 있었다.

이와 유사한 상황은 다른 분야에서도 쉽게 찾아볼 수 있다. 일본에서 두 번째로 큰시가총액 기준 자동차 회사인 혼다는 작은 오토바이 회사로 시작해서 오늘날 세계적으로 가장 영향력 있는 자동차 브랜드 중 하나가 되었다. 불과 한 세대 만에 이룬 성과다. 혼다의 가장 큰 특징은 고객들에게 선택의 기회를 많이 주지 않는다는 것이다. 자동차를 직접 구매해 본 사람이라면 누구나 잘 알 것이다. 보통 자동차를 한 대 고르면 그 안에 굉장히 다양한 옵션이 있다. 이건 마치 고객의 의견을 존중해주는 것처럼 보이지만, 선택지가 너무 많아서 아마 이중 몇 가지를 빼고 만들어도 알아차리지 못할 것이다.

혼다의 전략은 간단하다. 첫째, 제품 라인이 단순하다. 시빅, 어코드 등 몇 차종밖에 없다. 둘째, 모든 차종에 몇 가지 기본 사양만 있고 옵션이 없다. 이러한 전략 덕분에 혼다의 모든 차종은 미국의 비슷한 차종들 사이에서 베스트셀러로 꼽힌다.

여기서 기업에서 제품의 종류를 줄이는 것은 결국 생산 비용 때문이 아니냐고 묻고 싶은 사람도 있을 것이다. 그러나 생산 비용과 상관없는 서비스 분야 역시 선택권이 많다고 만족도가 높아지는 건 아니다. 구글의 검색 엔진 및 기타 제품들은 설계할 때 사용자들에게 많은 선택권을 주지 않는다. 구글의 제품은 이론적으로 보면 사용자가 사용 환경을 직접 설정할 수 있도록 되어 있지만 실제로는 대부분의 사용자들이 기본 설정을 그대로 사용한다. 구글은 제품과 서비스에 대한 실험을 많이 하는 편인데 사용자가 직접 설정하지 않고 기본 설정을 그대로 사용할 때 서비스 만족도가 더 높은 것으로 나타났다.

일상에서도 마찬가지다. 모두들 이런 상황을 경험해 본 적 있으리라 생각한다. 친구들끼리 오랜만에 모임을 가지려고 하는데 도무지 적절한 시간을 잡지 못하겠는 그런 상황 말이다. 물론 이런 경우 친구들 중 비교적 적극적인 누군가가 여러 시간과 날짜를 제시하고 이 중에서 선택해보자고 말할 것이다. 하지만 그런다고 문제가 쉽게 해결되지 않는다. 설령 10개의 선택지를 준다고 해도 모두가 참석할 수 있는 날을 고르기는 쉽지 않다. 그러므로 선택지를 주는 것이 마치 친구들 모두를 배려하는 것처럼 보일지도 모르지만 사실 좋은 방법은 아니다. 예를 들어 주말 저녁에 모임을 갖기 위해 금요일, 토요일, 일요일 세 개의 선택지를 주고 가장 좋은 날을 선택하도록 했다고 치자. 만약 모든 친구들이 금요일 저녁을 선택했다면 다행이지만 선택한 시간이 제각각이라면 조율하기 힘들어진다. 설사 절반 정도가 토요일 저녁을 선택했다고 하더라도 토요일로 날짜를 정해버리면 나머지 사람들의 의견을 무시하는 것이 된다. 그러나 처음부터 결단력 있는 친구가 나서서 토요일 저녁으로 날짜를 정해버리면 물론 참석하지 못하는 친구들도 있고 번거롭게 일정을 바꿔야 하는 친구도 있겠지만 어쨌든 모임은 성사된다. 만약 이렇게 나서는 친구가 없다면 그 모임은 영원히 메신저에만 머무르게 될 것이다.

이때 가장 좋은 방법은 친구들 모임에 관해 몇몇 핵심 멤버가 먼저 상의한 다음에 날짜를 정해 모두에게 통보하는 것이다. 모든 사람이 가능한 시간은 찾기 힘들기 때문에 모두에게 선택권을 줄 필요는 없다. 이런 경우라면 만약 정말 다른 일정 때문에 못 나오는 친구가 있더라도 본인이 참석 못해서 안타까울 뿐 다른 친구를 원망하지는 않을 것이다.

선택권을 주지 않는 것의 부정적인 결과는 특정 고객은 절대 받을 수 없다는 것이다. 하지만 그래도 괜찮다. 어차피 우리는 신이 아니기 때문에 모든 사람을 만족시킬 수 없다. 당신의 제품을 완강히 거부하는 고객은 애초에 당신의 잠재 고객이 아니었던 것이다. 적당한 선택은 자유를 주지만 너무 많은 선택지는 의도한 바와 다른 결과를 낳기도 한다는 점을 기억하자.

성장을

꿈꾸는

너에게

반드시 성공하는 제품의
3단계 법칙

2016년 말, 친구와 가상현실VR에 대해 이야기를 나누는데 친구가 이런 말을 했다.

"가상현실이 처음에는 엄청 떠들썩하더니 생각보다 빨리 보급되지는 않네?"

나는 보통 새로운 제품이 출현하고 인기를 얻을 때까지의 과정을 '세 번 보아야 매력적인 사람'을 찾는 과정이라고 부른다. 세 번 보아야 매력적인 사람이 있으면 한 번, 두 번 볼 때 매력적인 사람도 있다. 처음 보자마자 매력적인 사람의 특징은 무엇일까? 먼저 그들은 한눈에 봐도 아름답지만 친근하진 않다. 그 이유는 여러 가지가 있겠지만 대개는 너무 화려해서 보통 사람들이 접근하기 어렵다고 느끼기 때문이다. 대중들은 이런 제품을 멀찍이 떨어져서 바라볼 뿐이다. 물론 잘못 보거나 착각하는 경우도 있다. 처음 봤을 때는 정말 멋져 보였는데 두 번, 세 번 다시 보니 처음만큼 매력적이지 않은 경우다.

두 번 봤을 때 매력적인 사람은 한 번에 매력을 느낄 수 있는 사람보다 외모가 수려하지 않을 수도 있지만 대신 자기만의 색깔로 사람들의 이목을 끈다. 하지만 이런 사람들은 자기 색깔이 너무 분명하거나 독특해서, 여전히 아무나 가까워질 수는 없다. 또한 가까워진다고 해도 성격이 좋은지 나쁜지 보장할 수 없다. 그렇기 때문에 성격이 잘 맞지 않으면 얼마 지나지 않아 다시 멀어지게 될지도 모른다.

세 번 보아야 매력적인 사람은 언뜻 봐서는 평범한 사람들이다. 눈에 확 띄지는 않지만 가까이 지내보면 괜찮은 구석이 정말 많다. 게다가 겉모습과 상관없이 많은 사람들을 매료시킬 수 있다는 건 분명 긍정적인 가치를 지니고 있다는 의미다. 이러한 미덕과 가치가 사라지지만 않는다면 많은 사람들에게 오래도록 사랑받을 수 있다.

다시 신제품에 관한 이야기로 돌아와 보자. 보통 신제품이 널리 보급되고 보편적으로 사용되려면 3세대를 거쳐야 한다. 컴퓨터 그래픽 뷰 운영체제를 예로 들어 보자. 그래픽 뷰 운영체제를 처음 개발한 곳은 첨단 기술력을 자랑하는 팔로알토연구센터PARC다. 당시 사용하던 단순명령식 운영체제에 비해 그래픽 뷰 운영체제는 굉장히 정교해보였다. 그러나 전반적으로 완성도가 떨어지고 실용적이지 않아 일부 기술을 연구하는 엘리트나 첨단 기술에 민감한 사람들만이 이 운영체제를 사용했다. 이처럼 1세대 제품은 세상에 제대로 얼굴을 알리기도 전에 요절해버렸다.

2세대 제품은 애플의 맥킨토시Mackintosh 그래픽 뷰 운영체제다. 현재 애플의 모든 컴퓨터 제품은 맥Mac이라는 이름으로 불리고 있으며 이것은 맥킨토시의 앞 세 글자를 따온 것이다. 맥의 그래픽 뷰 운영체제는 제록스 사의 제록스 알토Xerox Alto에서 아이디어를 얻었지만 사용의 편리성을 더하기 위해 많은 개선 작업을 거쳤다. 자기만의 색깔로 꾸며 놓은 것이다. 그러나 맥은 가격이 워낙 비싸서 일부 경제적으로 여유가 있는 사람들만이 사용할 수 있었다이는 현재도 마찬가지다. 게다가 맥은 다른 기기와 호환이 되지 않아 사용방식에 익숙하지 않은 사람들은 계속 사용하기 힘들었다.

그래픽 뷰 운영체제의 3세대 제품은 오늘날 광범위하게 사용되고 있는 윈도우 운영체제다. 윈도우 운영 체제는 1세대, 2세대 제품에 비해 치명적인 매력은 없지만 자세히 살펴보면 괜찮은 부분이 많다. 실용적이고 가격도 저렴한 데다가 호환성이 좋아 보편적으로 사용할 수 있다.

우리가 현재 사용하고 있는 IT 제품들은 대부분 이와 같이 세 단계를 거쳐 발전한 것들이다. '세 번 보아야 매력적인 사람'이 나타났다는 것은 시장이 충분히 무르익었다는 의미다. 스마트폰을 예로 들면 초기에 마이크로소프트, 블랙베리, 노키아 등에서 개발한 스마트폰은 1세대에 해당하는 제품들이다. 이런 제품들은 한 번 봐도 매력적인 사람처럼 정말 관심이 많고 용기 있는 사람들만 접근할 수 있는 것들이었다. 일반 사람들은 범접할 수 없어 멀찍이서 지켜만 봤다. 2세대 제품은 애플의 아이폰이었다. 아이폰은 두 번 봐야 매력적인 사람처럼 자기만의 색깔을 가지고 있었지만 완전히 대중적인 제품은 아니었다. 3세대 제품은 바로 구글의 안드로이드 휴대폰이다. 저렴하고 실용적이어서 많은 사용자들이 보편적으로 사용하는 제품, 즉 세 번 보아야 매력적인 사람인 것이다.

IT 신제품이 보편적으로 사용되기까지의 세 단계를 다시 한번 정리해보자. 첫 번째 단계는 혁명적인 발명이 이루어지는 단계로 제품은 치명적인 매력이 있지만 일부 첨단 기술에 굉장히 민감한 사람만 관심을 갖는다. 두 번째 단계는 첫 번째 단계에서 부족했던 기술적인 부분들이 보완되고 자기만의 매력까지 더해진다. 하지만 그만큼 가격이 비싸고 사용이 까다로워서 일부 사람들만 제품을 사용한다. 세 번째 단계는 가격 문제를 해결해서 대중에게 광범위하게 보급된다. 앞서 예로 든 것과 같이 일반적으로 세 단계를 서로 다른 기업에서 이끌어가는 경우가 많다. 사실 첫 번째, 두 번째 단계는 세 번째 단계의 성공을 위한 준비 작업에 불과하다. 자금력이 충분해 첫 번째부터 세 번째 단계까지 모두 이끌어가는 회사도 있지만 아주 드문 경우다. 물론 세 번째 단계까지 미처 도달하지 못하고 중간에 요절하는 제품들도 있다. 3D TV가 대표적인 예다. 이것이야말로 치명적인 매력을 가진 사람이라고 생각해서 계속 보고 있었는데 나중에 완전히 잘못 봤다는 것을 깨닫게 되는 경우다.

5장

투자의 정석

"사업에 성공해 큰돈을 벌고도 제대로 쓰지 못하거나 관리하지 못한다면 모든 것이 헛수고가 된다. 반대로 돈은 벌지도 못하면서 이상만 크다면 그것은 환상에 불과하다. 돈에 대한 올바른 인식은 사업의 성공뿐만 아니라 행복한 삶을 결정하는 중요한 요소다."

돈에 대한
올바른 인식

중국의 문학가이자 사상가인 루쉰은 이렇게 말했다.

"인생의 목표는 첫째 생존하는 것이요, 둘째 따듯하게 입고 배불리 먹는 것이요, 셋째 발전하는 것이다."

루쉰은 현실적인 사람이었고 마땅히 누려야 할 생활은 누리는 게 맞다고 생각했다. 그는 늘 밥그릇과 이상은 별개의 것이라고 말했다.

노르웨이 작가 헨릭 입센의 희곡 《인형의 집》에 나오는 주인공 노라는 전통적인 결혼 제도 아래 남편과 불평등한 관계를 감내하며 살아가는 여성이지만 나중에 이것이 잘못되었다는 것을 깨닫고 집을 떠나 새로운 인생을 살아간다. 이 책을 읽은 대부분의 사람들은 자유평등을 추구한 노라의 용기를 높이 평가했고 페미니스트들은 극찬을 아끼지 않았다. 그러나 루쉰의 관점은 조금 달랐다. 그는 <노라는 집을 나간 뒤 어떻게 되었을까>라는 글에서 이렇게 말했다.

그러나 집을 나간 뒤, 노라는 타락할 수도, 다시 돌아올 수도 있을 것입니다. 그렇지 않다고 말한다면 저는 이런 질문을 드리고 싶습니다.

"그녀는 각성한 마음 이외에 또 무엇을 지니고 나갔나요?"

만약 지닌 것이 여러분이 가지고 있는 것과 같은 빨간 털목도리 하나뿐이라면 그 너비가 두 자이건, 석 자이건 아무 소용이 없습니다. 그녀는 그것 외에 다른 무언가를 가지고 나갔어야 합니다. 즉 핸드백 속이 준비되어 있었어야 합니다. 단도직입적으로 말하면 돈이 있었어야 한다는 것입니다.

꿈은 좋은 것입니다. 그렇지만 돈도 필요합니다. 돈이란 말은 귀에 매우 거슬리지요. 고상한 군자들에게 비웃음을 받을 지도 모릅니다. 그렇지만 사람의 생각이란 것은 어제와 오늘이 다를 뿐만 아니라 밥 먹기 전과 밥 먹은 후도 다릅니다. 돈을 줘야 밥을 사 먹을 수 있다는 사실을 인정하면서도 돈을 이야기하는 것이 비천하다고 하는 사람들은 배 속에 틀림없이 아직 소화되지 않은 고기와 생선이 남아 있는 부류일 것입니다. 그런 사람들을 온종일 굶게 한 다음 다시 생각을 들어보는 것이 좋습니다.

그러므로 노라를 위해서는 돈, 고상한 말로는 경제력이 가장 필요합니다. 자유는 돈으로 살 수 없는 것이지만 자유가 돈에 팔릴 수는 있습니다.

루쉰은 내가 굉장히 존경하는 인물이고, 특히 돈에 대한 그의 생각에 대단히 공감한다. 다시 말해 '돈이 없으면 절대 안 된다'는 생각에 동의한다는 것이다. 오늘날 우리 주변에도 이상을 실현하겠다고 잘 다니던 직장을 그만두고 나와 방황하다가 결국 아무것도 이루지 못하고 부모님 집에 얹혀사는 젊은이들이 많다. 자신의 이상을 추구한다고 회사에 사표를 내거나 학교를 그만두고 나와 크게 성공한 사람들은 아주 소수에 불과하다. 그러니 섣불리 자신을 사지에 몰아넣어서는 안 된다. 현실은 무턱대고 자신을 사지로 몰아넣다가 그대로 죽음을 맞이하는 경우가 대부분이기 때문이다. 빌 게이츠, 래리 페이지, 세르게이 브린, 마크 저커버그 등 학업을 그만두고 창업을 해서 크게 성공한 사람들의 이야기를 할 때 인과관계를 거꾸로 말하는 경우가 많다. 특히 언론 매체들이 이런 경향이 심하다. 그들은 학업을 포기한 뒤 새로운 길에 뛰어든 것이 아니라 돈을 벌 수 있는 방법을 찾은 다음 사업에 집중한 것이다.

내가 여기에서 말하고 싶은 것은 인생에서 돈이 얼마나 중요한 가에 대해서가 아니라 바로 돈을 대하는 태도에 관해서다. 내가 돈을 대하는 태도 즉, 금전관은 다음과 같은 다섯 가지로 정리할 수 있다.

(1) 돈은 신이 나에게 잠시 맡긴 것일 뿐 나중에 다시 돌려줘야 하는 것이다

사람들은 평생, 특히 인생의 전반부를 돈을 번다고 아둥바둥 살아간다. 또 돈을 벌기 위해 당장의 건강, 가족과의 시간, 우정, 행복 등을 포기하기도 한다. 그러나 그들이 미처 생각하지 못하고 있는 것이 한 가지 있다면 그건 바로 모든 일에 대가가 따른다는 것이다. 돈 버는 일도 마찬가지다. 거액의 자산을 가진 사람들이 죽음에 임박해서 돈을 쓰는 방법은 세 가지다.

첫째, 생전에 어떻게든 모두 써 버린다.

둘째, 국가 기관이나 자선 단체에 기부한다.

셋째, 자녀 등 다른 사람에게 물려준다.

그 외에 다른 방법은 없다. 고대 제왕들은 거대한 묘에 수많은 부장품들과 함께 묻혔는데 도굴꾼들을 장려한 것 외에는 좋은 점이 아무것도 없었다. 차라리 유럽의 군주나 용사들처럼 성당 안에 비석 하나 놓고 묻혔다면 안식을 취할 수 있었을 것이다. 돈은 원래 신이 우리에게 잠시 맡겨놓은 것이기 때문에 쓰고 남은 것은 나중에 모두 가져간다. 사람들은 자신의 재산을 자녀에게 물려주면 그들이 더 나은 삶을 살 수 있을 거라 생각하지만 결코 좋은 생각이 아니다.

사람은 모두 능력에 한계가 있다. 자신의 한계 내에서 노력을 할 때 가장 효율이 좋고, 한계에 근접할수록 효율은 떨어지며, 한계를 초과하면 아무리 노력해도 헛수고인 경우가 많다. 돈을 버는 일도 마찬가지다. 자신의 한계를 초과하면서까지 돈을 버는 것은 수익은 있을지언정 대가가 너무 크기 때문에 합리적이지 않다. 다시 말해 1원을 벌면 어디에선가 2원의 손실이 발생하는 격이다. 이 점을 염두에 둔다면 인생을 훨씬 더 가벼운 마음으로 살 수 있을 것이다.

(2) 돈은 제대로 사용했을 때 비로소 내 것이 된다

돈의 본질은 무엇일까? 돈은 각종 자원의 소유권과 사용권을 계량화한 것이다. 여기서의 자원은 물적자원과 인적자원으로 구분할 수 있다. 다이아몬드와 같은 보석을 비롯해 토지, 자동차, 집 등이 물적자원이라면 자동차를 만드는 엔지니어의 시간, 당신이 고용한 가사도우미의 시간, 미용사와 세공사 등의 시간이 인적

자원이다. 결국 돈의 많고 적음은 그 사람이 활용할 수 있는 사회자원물적자원과 인적자원을 포함의 총량을 반영한 것이다. 이러한 돈의 본질을 이해했다면 '돈은 제대로 사용했을 때 비로소 내 것이 된다'는 말의 의미도 이해할 수 있을 것이다. 돈을 효율적으로 사용한다는 것은 사회자원을 효율적으로 활용한다는 의미고, 사회자원을 잘 활용하면 더 많은 돈을 벌 수 있다. 이것이 바로 돈과 자원의 선순환이며 돈의 진정한 의미는 바로 이럴 때 구현된다.

돈의 효율을 극대화하는 가장 좋은 방법은 오늘을 가장 잘 보낼 수 있는 곳에 돈을 활용하는 것이다. '어제'는 좋았든 나빴든 이미 바꿀 수 없는 과거다. 경제학에서는 이를 매몰비용sunk cost, 이미 지불해서 회수할 수 없는 비용을 의미하는 경제학 용어이라고 부른다. 어제를 잘 보냈다면 운이 좋은 것이다. 그럴 때는 무조건 신과 주변 사람들에게 감사해야 한다. 하지만 어제를 잘 보내지 못했다 하더라도 오늘을 잘 보내면 된다. 사람들은 내일에 대해 비현실적인 환상을 갖고 있다. 나도 어렸을 적에는 늘 특별한 미래를 꿈꿨다. 하지만 성인이 된 이후로는 오늘에 더 집중하게 되었다. 미래는 너무 많은 불확실성으로 가득 차 있다는 사실을 깨달았기 때문이다. 나의 원칙은 돈을 활용해 '오늘'의 생활의 질을 높이는 것이다. 이것은 인생을 즐기기 위함이기도 하지만 미래는 바로 오늘을 기반으로 만들어지는 것이기 때문이다. 돈을 효율적으로 활용해서 오늘이라는 좋은 기반을 다져놓으면 당연히 좋은 미래를 맞이할 수 있다. 저축의 필요성에 관해서는 긴급할 때를 대비해 그래도 조금은 해놓는 편이 좋다고 생각한다. 하지만 그렇다고 오늘을 희생해가면서까지 저축을 할 필요는 없다. 이것이 바로 돈에 관한 나의 두 번째 관점이다.

(3) 돈과 물건은 나의 생활을 더욱 윤택하게 만들어 주는 것이지 골칫덩이가 되어서는 안 된다

세상 어떤 물건이든 그것을 얻으려면 반드시 대가를 지불해야 한다. 돈도 마찬가지다. 사람들은 원하는 것은 뭐든지 손에 넣고 싶어 한다. 그러나 원하는 것을 모두 손에 넣으려고 하면 마땅한 대가를 치러야 하고 심지어는 기존에 갖고 있던 무언가를 잃게 될지도 모른다. 이 점은 많은 사람들이 간과하고 있는 부분이기도 하다. 그러므로 무언가를 갖고자 애쓰기 전에 먼저 그것이 나의 생활을 더욱 윤택하게 만들 것인지 아니면 골칫덩이가 될 것인지를 잘 생각해봐야 한다.

간혹 내게 조용히 다가와 이런 질문을 하는 독자들이 있다.

"교수님도 명품을 사시나요?"

결론부터 이야기하자면 물론 나도 명품을 산다. 그것도 꽤 많이 사는 편이다. 내가 명품을 사는 이유는 품질이 우수하기 때문이기도 하지만 제품 연구와 시장 조사, 그리고 마케팅 연구에 필요한 소재이기 때문이기도 하다. 그러나 나는 명품을 살 때 중요한 원칙이 하나 있다. 그건 바로 명품으로 인해 내 생활이 조금이라도 불편해지면 안 된다는 것이다. 나는 절대 자랑하고 뽐내기 위해 명품을 사지 않는다. 2년 전 자신의 신장과 아이폰을 맞바꾼 청년의 기사를 본 적이 있는데 과연 그럴 만한 가치가 있었던 일인가 하는 생각이 들었다. 아이폰으로 인해 청년의 삶이 조금이라도 윤택해지기는 한 걸까? 어떤 사람들은 아이폰을 사기 위해 식비를 줄이고, 또 어떤 사람들은 집을 사기 위해 먹는 것, 입는 것은 기본이고 모든 즐거움과 즐길 거리를 포기하기도 한다. 다른 나라의 상황도 크게 다르지 않다. 사람들은 집을 살 돈을 모으기 위해 낡은 차를 계속 타고 다니고, 싸구려 가구들로 집을 꾸미며, 식료품도 쿠폰 할인을 할 때까지 기다렸다가 구매한다. 이런 상황에서는 아이폰이든 집이든 생활에 편리함을 가져다주기보다는 삶의 질을 떨어트리고 있는 셈이다.

루이비통이나 샤넬 같은 명품 가방을 사서 매일 들고 다니면 괜찮지만 아까워서 옷장 안에만 놔두면 활용할 수 있는 자원을 낭비하는 것이다. 어떤 사람들은 돈을 아끼고 아껴 2~3만 위안한화 약 4~500만 원씩 하는 명품 가방을 사놓고 행여나 가방이 닳을까 봐 집에 고이 모셔 놓는다. 나는 그런 사람들을 만나면 농담 반 진담 반 이렇게 묻곤 한다.

"그럴 거면 가방을 대체 왜 산 거죠?"

자신이 아무리 좋아하는 물건이라고 해도 그것으로 인해 삶의 질이 떨어지면 안 된다는 것이 돈에 대한 나의 세 번째 관점이다.

(4) 돈은 벌어서 생기는 것이지 아껴서 생기는 것이 아니다

직장인들의 가장 큰 고민은 쓸 돈이 늘 부족하다는 것이다. 사실 직장인들만 이런 고민을 하는 것은 아니다. 부자들도 마찬가지다. 미국의 한 심리학자는 수입이 각기 다른 사람들에게 돈이 얼마가 있으면 부족하지 않게 쓸 수 있을 것 같은지 물었다. 그랬더니 연봉이 2만인 사람은 4만을, 연봉이 4만인 사람은 8만을… 그리고 마지막으로 연봉이 100만인 사람은 200만 정도가 있어야 부족하지 않게 쓸 수 있을 것 같다고 대답했다. 사람들은 대부분 자신의 수입의 2배를 이야기했다. 왜 10배가 아니라 2배였던 것일까? 그 이유는 연봉이 4만인 사람은 연봉 100만인 사람들이 어떻게 돈을 쓰는지 전혀 상상할 수 없기 때문이다. 그럼 왜 연봉이 100

만인 사람도 여전히 돈이 부족하다고 느끼는 것일까? 수입이 많아지면 하고 싶은 일이 훨씬 더 많아지기 때문에 돈도 더 많이 쓰게 되는 것이다.

돈이 아무리 많아도 늘 부족하게 느껴진다면 해결 방법은 많이 벌거나, 적게 쓰거나 둘 중 하나다. 근본적으로 돈이란 벌어서 생기는 것이지 아껴서 생기는 것이 아니다. 10위안어치의 일을 5위안에 해결하는 것은 어렵다. 어떻게든 돈을 아끼려고 궁리하는 대신 차라리 그 시간에 10위안을 더 벌 수 있는 방법을 연구하는 편이 낫다.

더 많은 돈을 벌기 위해서는 돈 버는 효율에 대해 생각해봐야 한다. 일하는 시간을 늘려 돈을 버는 방법은 그리 효율적이지 않다. 사람이 일하는 시간을 늘려 더 벌 수 있는 돈은 아무리 많아도 두 배 정도밖에 되지 않는다. 그러나 큰돈을 버는 사람들을 보면 시간당 돈 버는 효율이 보통 사람들보다 세 배, 네 배 혹은 수십 배 높으며 심지어 그 이상인 경우도 있다. 일의 효율이 높아지면 자연스럽게 돈을 버는 효율도 높아진다.

돈을 많이 벌 수 있는 또 한 가지 비결은 바로 다른 사람들에게 없는 기술을 습득하는 것이다. 돈이 자원을 계량화한 것이라면 희귀한 자원일수록 가치는 높아지기 마련이다. 그러므로 만약 다른 사람들에게 없는 기술을 갖고 있다면 나 자신이 바로 희귀한 자원이 되는 것이다. 누구나 다 갖고 있는 기술은 더 이상 가치가 없다.

나는 《스마트시대 무엇부터 해야 하나》라는 책에서 인공지능 기술이 앞으로 사람들의 직업에 미칠 영향에 대해 설명했다. 그 이후에 몇몇 독자들이 나를 찾아와 어떤 유명 인사가 미래에는 영어와 컴퓨터 기술만 있으면 어디서든 먹고 살 수 있다고 말했는데 내 생각은 어떠냐고 물었다. 나는 웃으면서 그 사람이 누구인지는 몰라도 본인의 자녀에게도 그렇게 이야기했는지 물어보라고 말했다. 그 두 가지 기술이야말로 앞으로 가장 값어치가 떨어질 것이라고 설명했다. 20년 전에는 영어만 잘해도 먹고 살 수 있는 길이 많았다. 그러나 요즘은 통·번역 프로그램이 워낙 잘 되어 있기 때문에 영어를 잘 못해도 영어 자료를 보거나 간단한 대화를 나누는 데 큰 어려움이 없다. 컴퓨터 기술은 머지않아 운전 기술만큼이나 흔한 기술이 될 것이다. 오늘날 운전 기술이 딱히 취업을 하는 데 큰 도움이 되지 않는 것과 마찬가지로 컴퓨터 기술도 전문 엔지니어 정도의 수준이 아니라면 간단한 코딩 정도는 굉장히 흔한 기술이 될 것이다. 프로그래밍을 배우면 장차 일을 구하는 데 도움이 될지는 모르겠지만 이로써 큰돈을 버는 것은 어렵다. 창업을 하든 다른 사람을 위해 일하든 자신만의 특별한 능력이 있어야만 효율적으로 돈을 벌 수 있다. 그리고 효율적으로 돈을 벌기 시작하면 인생은 한결 수월해진다.

(5) 번 돈을 모두 쓰는 것은 어렵지만 어딘가에 쏟아 붓는 것_{투자, 투기}은 쉽다

이것은 돈에 관한 나의 마지막 관점이자 가장 중요하게 생각하는 내용이기도 하다. 만약 당신이 돈이 아주 많은 사람이라면 먼저 축하한다. 마약, 도박, 불륜만 멀리한다면 아마 죽기 전까지 그 돈을 다 쓰지 못할 것이다. 그러나 재산을 더 늘리겠다고 섣불리 투자를 한다면 한순간에 파산할 수도 있다. 미국 19세기의 대문호 마크 트웨인은 평생 글을 써서 번 돈을 섣부른 투자 때문에 모두 잃고 말았다. 마크 트웨인은 원래 큰 부자가 아니었기 때문에 빈털터리가 된 것이고, 돈이 훨씬 더 많은 거부들은 웬만해서는 쫄딱 망하는 일이 없지 않겠냐고 생각하는 사람도 있을 것이다. 단언컨대 그렇지 않다. 아무리 돈이 많은 재벌도 한 세대 혹은 두 세대 만에 파산할 수 있다. 그들이 돈을 흥청망청 쓰거나 마약이나 도박 등으로 망하는 경우는 거의 없다. 그들이 파산에까지 이르는 경우는 단 한 가지, 모두 잘못된 투자 때문이다.

컨테이너를 발명한 말콤 맥린은 세상을 바꿔 놓은 발명으로 크게 성공해 미국에서 손에 꼽히는 부자가 되었다. 하지만 그는 결국 파산해서 수십 억 달러의 빚까지 떠안게 되었다. 이 모든 것이 한 번의 석유 투자 때문이었다. 마찬가지로 미국 역사상 가장 부유한 가문 중 하나였던 헌트 형제도 단 한 번의 잘못된 은 투자로 파산했다.

일단 투자에 실패하면 본인의 인생 전체가 무너질 수도 있고 심지어는 다음 세대의 운명에까지 악영향을 줄 수 있다. 특히 돈을 벌고 싶다는 열망이 클 때는 작은 이익에도 눈이 어두워질 수 있기 때문에 조심해야 한다. 투자뿐만 아니라 우리 생활 곳곳에도 여러 가지 리스크가 숨어 있다. 이러한 위험 요소들을 늘 인지하고 있어야만 성공을 위한 튼튼한 기반을 마련할 수 있다.

일상 속
리스크 의식

'리스크'라는 단어는 신문 기사 등을 통해 자주 접해 생소하지는 않을 것이다. 그러나 사람들은 리스크를 금융 혹은 투자에 관련된 개념으로만 알고 있고 일상생활과는 관련이 없는 것으로 인식한다.

미국 실리콘밸리에는 아웃렛이 두 군데 있다. 버버리, 프라다, 구찌 등 명품 브랜드 매장이 입점해 있는 이 아웃렛에는 평소에는 손님이 많지 않은 편이다. 특히 구찌나 프라다 같은 매장은 손님보다 직원들 수가 더 많을 정도다. 그런데 휴가나 명절 기간이 되면 중국에서 온 관광객들로 매장은 가득 차고 심지어 줄을 서서 들어가기도 한다. 예전에 한 친구에게 왜 그렇게까지 명품을 많이 사가느냐고 물었더니 그 친구 말이 여기서 아낀 돈이 베이징에서 미국까지 오는 비행기표 값을 충당하고도 남는다고 했다. 물론 그들의 계산이 틀린 것은 아니다. 하지만 그들은 리스크라는 아주 중요한 요소를 간과하고 있는 것이다.

여행 혹은 출장으로 해외에 가서 자신이 좋아하는 물건을 사는 것은 여행의 즐거움을 한층 더 높여준다. 그러나 단지 돈을 아끼려는 목적으로 다량의 물건을 구입하는 것은 언뜻 보면 돈도 아끼고 리스크도 없는 것처럼 보이지만 사실은 그렇지 않다. 이러한 행위에 따르는 리스크는 최소 세 가지가 있다. 첫째는 짐을 분실하는 경우고, 둘째는 세관 심사에 걸려 고액의 세금을 물어내는 것이며, 셋째는 물건이 마음에 들지 않아도 교환이나 환불을 받지 못하는 것이다.

물론 이런 이야기를 통해 해외에서 물건을 구매하는 것이 이득인지 손해인지를 판단하려는 것은 아니다. 내가 말하고 싶은 것은 리스크 의식이 있을 때와 없을 때 일을 하는 방식이나 전략이 완전히 달라진다는 것이다. 사람들은 대부분 어떤 일을 할 때 리스크보다는 수익을 먼저 생각한다. 그래서 전략을 세울 때도 단순히 이익을 극대화할 수 있는 방안만 모색한다. 그러나 리스크는 간과한 채 수익만 생각해서는 최고의 결과를 얻을 수 없다. 반면 리스크 의식이 있는 사람은 어떤 일을 결정할 때 안전을 먼저 생각하기 때문에 장기적으로 더 좋은 결과를 얻는다.

내가 은행에 볼일을 보러 갈 때마다 직원들은 여러 가지 재테크 상품들을 추천해준다. 재테크 상품이 은행 이자보다 수익이 훨씬 높다는 이유에서다. 그런데 중국의 재테크 상품들은 대부분 채권이나 보험 관련된 것들이어서 리스크가 높은 편이다. 선진국에서는 모든 채권에 등급을 매겨 관리하는데 등급은 AAA부터 C 이

하_{쓰레기 같은 채권이라고 해서 정크본드(junk bond)라고 부른다}로 구분한다. 이렇게 등급을 평가하는 목적은 투자자들에게 해당 채권의 리스크가 얼마나 큰지 알려주려는 것이다. 예를 들면 AAA채권의 고정 리스크는 0.001% 이하, AA채권의 고정 리스크는 0.2%, 그리고 정크본드의 고정 리스크는 26% 정도다. 물론 평가 등급이 낮을수록 채권 이자, 소위 말하는 투자 수익이 높아진다. 그래서 채권_{재테크 상품}을 살 때는 투자 수익뿐만 아니라 리스크가 어느 정도인지 잘 살펴봐야 한다. 그런데 중국에서는 재테크 상품을 구매할 때 구체적인 리스크에 관해서는 알려주지 않는다. 대부분의 구매자들은 금융 지식이 부족하기 때문에 판매자의 설명만 곧이곧대로 믿을 뿐이다. 그러나 만약 재테크 상품의 리스크에 대해 제대로 알게 된다면 투자 전략은 완전히 달라질 것이다.

투자뿐만 아니라 우리 생활 속에도 여러 가지 리스크가 존재한다. 만약 이러한 리스크를 사전에 인지하고 있다면 생활 방식도 크게 달라질 것이다. 미국의 운전 교육기관에서는 학생들에게 되도록 '방어 운전_{defensive drive}'을 하라고 가르친다. 이것은 무슨 의미일까? 나 혼자만 교통 법규를 잘 지킨다고 위험한 상황이 발생하지 않는 것이 아니라 주변 운전자들의 예기치 못한 상황에도 대비해야 한다는 것이다. 약을 먹고 갑작스럽게 신경발작을 일으키거나 음주운전을 하는 사람, 혹은 어떤 이유에서든 교통 법규를 지키지 않는 사람이 내 차와 충돌할 수도 있기 때문이다. 물론 이런 상황에서는 모든 책임이 상대방에게 있지만 일단 충돌이 일어나 다치면 결국 나만 손해다. 이러한 리스크를 인지하고 방어 운전을 하기로 마음먹는다면 운전하는 방식도 완전히 달라질 것이다. 이처럼 리스크 의식이 있으면 어떤 일을 하든 전혀 다른 전략과 마음가짐을 갖게 되므로 성공 확률은 훨씬 더 높아진다. 나는 비즈니스 스쿨 학생들에게 투자 방법에 대해 가르치기 전에 먼저 리스크 의식의 중요성을 강조한다. 어떤 투자든 리스크에 대한 철저한 대비가 우선적으로 이루어져야 한다. 이제 드디어 투자에 관한 이야기로 넘어가보자.

성장을

꿈꾸는

너에게

입문자를 위한
투자의 기본 원칙

많은 사람이 수중에 얼마가 있든 '돈'이라는 자원을 통해 더 많은 수익을 얻고 싶어 한다. 근대에 이르러 전쟁의 시기든 평화의 시기든 경제발전의 호황기든 침체기든 누군가는 계속 투자에 참여해왔다. 물론 그들 중에는 투자에 관한 지식이 부족해 사기를 당하거나 투자에 실패해 어렵게 모은 돈을 모두 잃은 사람들도 있고, 설령 돈을 잃지 않았다고 하더라도 투자 수익이 굉장히 미미한 사람들도 많다.

투자에 성공하려면 우선 투자에 관한 지식이 있어야 한다. 투자에 관한 지식은 돈을 벌기 위해서도 필요하지만 일상에서 각종 문제를 이성적으로 바라보고 처리하는 데도 유용하다. 그밖에도 나는 투자를 하면서 많은 인생의 지혜를 배웠는데 이러한 지혜가 때로는 경제적인 수익보다 훨씬 더 값지다. 여기에서는 먼저 투자의 세 가지 기본 원칙에 관해 알아보도록 하겠다.

(1) 투자의 목적을 기억하라

투자를 하기 전에는 투자의 목적을 분명히 정해야 한다. 일반적으로 투자의 목적은 수익을 내서 더 많은 돈을 버는 것이다. 그렇지만 모든 사람의 목적이 같지는 않다. 유럽이나 미국의 오래된 가문들이 투자를 하는 가장 큰 목적은 갖고 있는 재산의 손실을 막기 위해서다. 존 F. 케네디 대통령의 아버지 조지프 케네디는 미국 역사상 가장 성공한 투자자였다. 그는 '내 절반의 재산을 지키기 위해 나머지 절반은 포기하겠다'고 말했다. 이처럼 누군가에게는 돈을 더 버는 것보다 이미 보유하고 있는 재산의 가치를 유지하는 것이 중요한 일이기도 하다. 매우 드물기는 하지만 단순히 투자에 재미를 느껴서 하는 사람들도 있고 명성을 얻기 위해 하는 사람들도 있다. 이렇게 각자 목적이 다를 때는 투자 전략 또한 완전히 달라져야 한다.

하지만 보수적인 투자든 급진적인 투자든 공통된 목적은 돈으로 돈을 버는 것이지 계속 비싼 수업료만 치르고 있어서는 안 된다. 벌써 몇 년을 투자했는데도 여전히 '돈을 벌려면 비싼 수업료를 감당해야 한다'는 말을 하는 사람들은 먼저 그들의 당초 투자 목적이 무엇이었는지부터 다시 살펴봐야 한다.

나는 약 20년간의 투자 경험과 주변 사람들의 경험을 관찰하면서 한 가지 재미있는 현상을 발견했다. 흔히 남편들은 아내가 옷이나 화장품에 돈을 너무 많이 쓴다고 불평한다. 그런데 사실 알고 보면 대부분의 남편이 낭비하는 돈이 아내보다 훨씬 많다. 물론 그 돈은 옷이나 화장품을 사는 데 쓴 것이 아니라 대부분 투자를 했다가 '비싼 수업료'를 치르는 데 쓴 것이다. 주식에 투자했는데 주가가 오르지 않았을 뿐 원금은 유지하고 있으니 수업료를 지불한 게 아니라고 말하는 사람도 있다. 그러나 만약 2년 전에 1만 달러를 투자했는데 여전히 1만 달러라면 수업료를 지불한 것이나 마찬가지다. 단순히 은행에 맡기거나 국고 채권을 샀다면 이것보다는 더 많은 돈을 벌었을 테니 말이다. 투자의 목적은 돈을 버는 것이지 비싼 수업료를 지불하려는 것이 아니라는 사실을 잊으면 안 된다.

(2) 내가 투자할 대상은 무엇인가

전 세계적으로 투자 대상은 아주 많지만 대략 다음과 같은 6가지로 분류할 수 있다.

- 주식 상장회사의 유통 가능한 주식

- 채권 국가 정부 채권, 지방 정부 채권, 기업 채권 포함

- 부동산 집, 토지 등

- 비상장회사, 벤처 투자 펀드 엔젤투자와 사모펀드 포함

- 금융 파생상품 생명보험 등

- 가치가 높은 현물 황금, 예술품 등

(3) 투자할 때 반드시 고려해야 하는 것들

사람들은 투자를 할 때 대부분 수익을 먼저 생각한다. 물론 수익이 가장 중요한 지표인 것은 사실이다. 그러나 수익에 따르는 리스크도 생각하지 않으면 안 된다. 앞에서 리스크에 대해 충분히 설명했으니 이제 대부분 리스크 의식을 갖고 있으리라 생각한다. 리스크가 높다고 수익이 반드시 높은 것은 아니지만 리스크가 낮은 투자는 대체로 수익도 낮다. 리스크도 낮고 수익도 높은 상품이 있다는 것은 다 터무니없는 이야기다. 금융학에는 '샤프지수'라는 개념이 있다. 샤프지수는 노벨 경제학상을 수상한 윌리엄 샤프 교수가 제시한 것으로 수익과 리스크를 계량화된 지표로 나타내는 것이다. 계산 공식은 다음과 같다.

샤프지수=(투자수익률-무위험수익률)÷투자수익률의 표준편차

여기에서 무위험수익률은 은행 예금 혹은 국고 채권 수익을 의미한다. 샤프지수는 높을수록 좋은 것이다. 이 지수가 높다는 것은 수익은 높고 리스크는 낮다는 의미이기 때문이다. 오른쪽 표는 근 10년간 환율을 고려해 몇몇 국가의 주가연동지수 펀드의 샤프지수를 정리한 것이다.

주가연동지수펀드	샤프지수
미국 S&P500(SPY)	0.47
중국 신화지수(해외 상장 회사 지수)(FXI)	0.22
독일 거래소 지수(EWG)	0.20
이머징 마켓 지수(EEM)	0.16
글로벌 시장 지수(DGT)	0.16
프랑스 산업 지수(EWQ)	0.08
일본 닛케이 지수(EWJ)	0.06
영국 파이낸셜 타임스 지수(EWU)	0.05

각국 주가연동지수펀드의 샤프지수

위의 표에서 볼 수 있듯이 미국 주식 시장의 샤프지수가 가장 높다. 그런데 늘 롤러코스터 같은 중국 시장이 그 뒤를 잇고 있는 것은 조금 의외다. 그 다음은 독일이 차지하고 있는 것으로 보아 각국의 경제 상황과 대략 일치한다는 것을 알 수 있다. 어쨌든 이 표를 보면 주식 시장의 리스크가 상당히 크다는 것을 알 수 있다. 10년 범위 내에 가장 상황이 좋은 미국 시장이라고 해도 가변성샤프지수 공식의 분모은 수익의 2배 가까이 된다. 중국과 독일의 경우에는 가변성이 5배가량이므로 정말 롤러코스터라는 표현이 이상하지 않다. 다른 선진국들은 10년 동안 수익은 거의 없고 가변성만 존재할 뿐이다.

수익과 리스크 외에 투자를 할 때 반드시 고려해야 할 요소가 두 가지 더 있는데, 바로 유동성liquidity과 간접비overhead cost다.

유동성이란 무엇일까? 투자를 언제든 현금화하거나 현금을 언제든 투자할 수 있는 편리성을 의미한다. 예를 들면 유동성이 가장 좋은 것은 은행 예금이고 그 다음이 주식, 채권국고 채권 순이다. 반대로 부동산 시장은 수익이 높지만 유동성은 상당히 떨어지는 편이다. 내일 돈이 필요하다고 해서 오늘 당장 집을 팔아 현금화할 수 없기 때문이다. 벤처 투자는 유동성이 가장 좋지 않은 분야로 보통 7~10년이 걸려도 회수가 어렵다.

그럼 간접비는 무엇일까? 투자자가 주식을 살 때 지불하는 수수료가 바로 간접비다. 물론 주식의 간접비는 높지 않은 편이지만 황금 거래의 경우 상당히 높다. 중국에서는 금 1g당 몇 위안씩 가격 차이가 나는데 바로 간접비 때문이다. 경매에서 소장품을 사고 팔 때도 15% 혹은 그 이상의 수수료를 지불해야 한다. 내가 물건을 살 때뿐만 아니라 팔 때도 수수료를 내야 하는 경우도 있으니이 모든 것을 간접비에 포함시켜 계산해야 한다. 일반적으로 간접비가 투자금의 3% 정도 되면 높은 편은 아니지만 만약 수익이 8% 밖에 되지 않는다면 그중 절반 가까이를 중개 비용으로 지불하는 것이다. 중국 이외의 지역에서는 주식 시장에 투자해서 얻은 수익에 관해서 상당히 무거운 소득세를 부과하고 큰 손실을 입었다 하더라도 세금 공제는 한계가 있다. 그래서 이러한 세금도 간접비에 포함시켜야 한다.

투자를 할 때
범하는 오류들

워런 버핏은 성공적인 투자 비결이 얼마나 더 많은 기회를 포착하느냐가 아니라 얼마나 오류를 덜 범하느냐에 있다고 말했다. 투자의 핵심은 이익을 추구하는 것인데 이 과정에서 사람들은 여러 가지 함정과 오류에 빠지기 쉽다. 그러므로 이러한 오류들을 사전에 인지하고 있어야만 리스크를 줄이고 손실을 최소화할 수 있다. 다음은 투자를 할 때 사람들이 쉽게 범하는 오류들이다.

(1) 귀금속 투자는 언제나 옳다?

많은 사람들이 금혹은 기타 귀금속류을 사 모으는 것을 아주 좋은 투자라고 생각한다. 그러나 과거 수백 년 동안 이 생각이 옳았던 적은 많지 않다. 장기적으로 봤을 때 귀금속을 사 모으는 것은 좋은 투자가 아닐 뿐만 아니라 인플레이션 등의 요소를 고려하면 오히려 손해다. 왜 귀금속 투자가 좋은 투지가 아닌 걸까? 간단히 이야기하면 귀금속은 인류의 부의 창조와 큰 관련이 없다. 주식의 가치가 꾸준히 오르는 것은 해당 회사가 사회에서 끊임없이 부를 창조해내기 때문이다. 세계 주요 도시의 집값이 오르는 것도 부의 창조와 관련이 있지만 귀금속은 이러한 특징이 없다.

귀금속은 두 종류로 구분할 수 있다. 첫 번째는 액세서리를 만드는 것 외에 다른 공업용 용도가 없는 금이다. 예전에는 화폐로 쓰였지만 이제는 그런 기능마저 상실해서 준비통화로만 쓰인다. 금은 생산량이 많지 않지만 생산 가치의 증가는 빠른 편이고 심지어 전 세계 GDP의 증가 속도보다 빠를 때도 있다. 오늘날 금융 분야에서 금의 가장 큰 용도는 위기에 대비하는 것이다. 경제위기나 전쟁이 발발하면 금의 가치는 빠르게 증가할 테니 말이다. 그러나 평소에 금에 관심을 갖는 사람은 많지 않다. 금 투자의 또 하나의 문제점은 보관이 어렵다는 것이다. 집안에 금을 쌓아놓는 것은 위험하고 은행 금고를 빌린다고 해도 매년 금으로 얻는 수익보다 보관료가 더 많이 나갈 것이다. 일부 펀드 회사에서는 이러한 문제를 해결하기 위해 금과 연동된 ETF 펀드를 만들어 금 보유량을 지면에 부호로 표시해주기도 한다. 그러나 실제로 전쟁이 나거나 재난 상황이 발생하면 지면에만 표시되어 있는 금은 아무 가치가 없어진다. 그런 상황이 되면 펀드 회사들은 이미 사라지고 없을 테니 말이다.

두 번째 종류는 바로 은, 백금, 팔라듐 등 공업용 귀금속이다. 이러한 귀금속의 가격은 대개 인플레이션에 따라 상승하지만 속도는 아주 느린 편이다. 기술이 계속 발달함에 따라 제품 가격에서 원자재의 비중은 점점 낮아지고 기술의 비중이 높아지고 있기 때문이다. 귀금속의 가격 상승과 비슷한 양상을 보이는 것이 또 있는데 바로 천연자원, 농산물, 원자재 등의 비포장 벌크 상품들이다. 이들은 한편으로는 인플레이션을 억제하는 역할을 하지만 다른 한편으로는 GDP 증가 속도에 비해 상승 속도가 느린 편이다. 물론 단기적으로 보면 귀금속이든 비포장 벌크 상품이든 가격 변동 폭이 크기 때문에 기회를 틈타 도박을 하듯 투자하는 사람들이 생긴다. 그런데 개인은 이러한 투자에 실패할 확률이 훨씬 높다. 1970년대 미국의 유명한 거부였던 헌터 형제는 전 세계로 유통되는 은을 통제하고 은 가격을 온스 당 6달러에서 50달러로 올리는 데 성공했다. 그럼에도 불구하고 인류 역사상 가장 큰 귀금속 도박에 무릎을 꿇고 결국 파산하고 말았다. 우리는 도박이 아닌 투자를 하는 것이고 경제 성장을 통한 수익을 얻으려는 것이기 때문에 이러한 행위는 멀리해야 한다.

(2) 전문가들의 투자 전략은 언제나 옳다?

2004년 윌리엄 샤프가 구글에서 처음으로 투자에 관한 강의를 했을 때 많은 직원들이 그의 강의를 듣고 자신의 재무 설계사를 해고했다. 노벨상 수상자이기도 한 윌리엄 샤프가 이야기한 관점은 세 가지다.

첫째, 투자 전문가들은 사람들이 생각하는 것만큼 똑똑하지 않고 판단력도 떨어진다. 사실 언론에서 시장 추이에 대해 분석하는 전문가들의 말도 절반 정도만 맞아떨어진다. 100% 틀린 예측보다 더 쓸모없는 것이 절반만 맞는 예측이다. 전자는 완전히 틀렸으니 반대로 뒤집어서 사용하면 유용하지만 후자의 경우 정보로서의 가치가 전혀 없다. 사람들은 전문가들이 일반인보다 많은 정보를 얻고, 더 정확하게 분석할 수 있는 도구를 활용하기 때문에 훨씬 뛰어날 거라고 생각한다. 그러나 오늘날 미국 펀드 65%의 수익율이 S&P500지수 펀드 수익율보다 낮다. 지난 5년 동안의 수익률과 10년 동안의 수익률도 S&P500지수보다 낮았고 각각의 비중은 79%와 81%로 훨씬 더 많았다. 만약 이러한 펀드들보다도 수익이 낮았다면 그들이 투자를 더 잘했다는 의미가 아니라 그만큼 당신이 못했다는 의미다.

둘째, 펀드 관리자와 투자자 사이에 이익이 상충한다. 투자자들이 전문 투자기관에 지불하는 비용은 굉장히 높은 편이다. 미국에서는 자산이 100만 달러 이하인 고객이 매년 뮤추얼펀드 관리비용으로 지불하는 금액이 보통 2%가 넘고, 헤지펀드는 더 높은 편이다. 매년 2%의 비용을 지불하는 것을 우습게 생각해서는 안 된다. 만약 매년 평균 수익률이 8%라고 한다면 40년 동안 총 수익은 20.7배가 된다. 그런데 매년 펀드 매니저가 수익의 2%를 가져간다면 평균 수익률은 6%가 될 것이고 40년 동안의 총 수익은 고작 9.3배밖에 되지 않는다. 다시 말해 펀드 매니저에게 수수료를 지불하느라 나의 수익이 절반 수준으로 떨어지는 것이다.

셋째, 시장은 스스로 균형을 찾아가는 똑똑하고 효율적인 곳이다. 설령 성과가 좋은 펀드가 있다고 하더라도 이런 펀드는 금방 투자자가 몰려 가격이 올라가고 분모가 커진 만큼 수익도 계속 낮아지게 된다. 미국의 신문과 잡지사에서는 매년 지난해 주식 또는 뮤추얼펀드의 수익을 평가해 순위를 공개한다. 그런데 이 순위는 매년 변동이 큰 편이고 몇 년 연속 순위에 오르는 펀드도 거의 없다. 워런 버핏의 버크셔 해서웨이는 줄곧 성과가 좋았다고 말하고 싶은 사람도 있을 것이다. 물론 그렇다. 이 회사의 경우 장기적으로 성과가 좋았고 특히 2008년 금융 위기 이후 사람들의 인정을 받으면서 주가가 크게 상승했다. 하지만 이는 곧 앞으로 성장할 수 있는 여지가 크지 않다는 것을 의미하기도 한다. 실제로 지난 금융 위기 이후 버크셔 해서웨이의 수익은 S&P500지수와 큰 차이가 없었다.

윌리엄 샤프는 이론적인 분석뿐만 아니라 지난 수십 년간 실제로 금융 시장을 관찰한 결과를 토대로 이러한 결론을 얻었다. 구글에서도 이를 증명하기 위해 엔지니어들이 직접 돈을 투자해 실험하고 골드만 삭스, 모건 스탠리 등 전문 투자기관의 투자 결과와 비교해보기도 했다. 결론은 가장 단순한 방법으로 투자한 결과가 전문 투자기관보다 더 좋았다. 이들이 투자에 성공할 수 있었던 비결은 투자 전략을 잘 세웠기 때문이 아니라 기본적인 투자 원칙들을 잘 지켰기 때문이다.

(3) 주식에 많은 시간을 투자할수록 수익이 더 높아진다?

사람들은 투자를 했는데 수익이 오르지 않으면 자신의 노력이 부족했기 때문이라고 생각한다. 그러나 사실 문제는 노력 부족이 아니라 잘못된 투자 방법에 있을 확률이 높다. 섣불리 더 많은 노력을 기울이고, 더 자주 거래를 하면 수익은 오히려 더 떨어질 것이다. 한 가지 알아야 할 사실은 지난 200년 동안 개인 투자자들이 주식 시장에서 얻은 수익은 평균 2% 남짓밖에 되지 않는다. 이는 주식 시장의 평균 성장세보다도 낮다. 개인 투자자들의 노력이나 금융 지식이 부족했기 때문일까? 아니다. 문제는 투기에 대한 생각이나 자신이 다른 사람들보다 더 잘 안다는 자만심에 있다. 그래서 때로는 아무것도 모르는 사람이 한 투자가 소위 전문가라고 자부하는 사람들보다 수익이 많은 것이다.

(4) 주식을 사는 사람만 있으면 주가가 오른다?

　사람들은 대부분 가격이 높더라도 인기가 많은 주식을 사고 싶어 한다. 그들은 자신이 주식을 산 이후에도 다른 사람들이 계속 그 주식을 살 것이라고 믿는 것이다. 그러나 실제로는 장님술래놀이_{수건돌리기와 비슷한 중국의 민속놀이로 박수를 치는 동안 손에 있던 꽃을 전달하다가 박수가 그치는 순간 손에 꽃을 들고 있는 사람이 벌칙을 받는 게임}를 할 때처럼 내 앞에 꽃이 있을 때 박수소리가 멈추기도 한다. 《시장 변화를 이기는 투자》의 저자 버튼 G. 맬킬은 이러한 투자를 '공중에 누각을 짓는 투자'라고 표현했다. 일반적으로 주가가 폭락하기 직전에 몇 배나 더 많은 돈을 주고 주식을 산 사람들은 대부분 아무것도 모르고 무작정 주식 투자에 뛰어든 초보자다. 그래서 존 F. 케네디의 부친이자 미국 증권거래위원회의 초대 회장이었던 조지프 케네디는 그의 구두를 닦아주던 구두닦이 소년이 돈을 모아 주식 투자를 한다고 했을 때 주가 폭락의 날이 머지않았다는 것을 예견했다고 한다. 그러나 그동안 많은 사람들의 실패에도 불구하고 여전히 사람들은 같은 실수를 번복한다.

(5) 주식의 가격이 떨어지더라도 팔지 않으면 손해가 아니다?

이런 사람들은 위험한 순간에 머리만 모래 속으로 감추는 타조와 같다. 주식을 보유한 사람들의 자산은 보유하고 있는 주식의 현재 가격에 의해 결정되는 것이지 당초 구매한 가격에 의해 결정되는 것이 아니다. 구매할 때의 가격이 높았다고 해서 떨어진 가격이 다시 처음만큼 오른다는 보장도 없다.

일반적으로 미국의 S&P500지수나 중국의 상하이종합주가지수 등은 주가가 하락해도 언젠가는 다시 오른다. 그러나 일반 주식에는 이러한 규칙이 반드시 적용되는 것은 아니다. 가격이 계속 하락하는 주식은 분명 그럴 만한 이유가 있는 것이다. 100년 전 다우존스산업지수에 포함되어 있던 회사 중 유일하게 GE만이 오늘날까지 명맥을 유지하고 있다. 인텔이나 시스코 같이 기술력이 뛰어나고 경영 상황이 좋은 회사들도 현재2017년까지 2000년의 주가를 회복하지 못하고 있다. 그런데도 그들이 속한 나스닥 종합주가지수는 연일 최고치를 기록한다. 이유는 간단하다. 산업의 빠른 발전으로 인해 이들 기업의 황금기는 이미 지나가버렸고 다시 그 시기로 돌아가는 것은 불가능하기 때문이다.

(6) 1달러짜리 주식은 저렴하다

사람들은 일반적으로 가격이 낮은 주식을 좋아한다. 적은 돈으로 많은 양을 살 수 있기 때문이다. 그러나 사실 1달러짜리 주식이 100달러짜리 주식보다 반드시 저렴한 것은 아니다. 또 버크셔 해서웨이의 주식은 한 주당 24만 달러2017년 평균 가격나 하지만 훨씬 더 비싸다고 할 수도 없다. 주가는 그 회사에서 주식을 얼마나 발행했는지, 이익 창출 능력과 성장률은 어느 정도 되는지 등의 요소를 종합적으로 살펴봐야 한다. 1달러짜리 주식을 사는 것은 달러로 과거 짐바브웨 달러나 현재 베네수엘라 화폐를 한 무더기 사는 것이나 다름없다. 당장 눈앞에 돈은 쌓여 있지만 가치는 전혀 없는 것이다. 버핏은 이런 주식을 담배꽁초에 비유했다. 사람들이 피우고 버린 꽁초를 마치 공짜 담배처럼 여겨 줍는 사람들이 있는데 사실 그런 꽁초로는 한두 모금도 피울 수 없다.

상황과 목적에 맞는
투자 전략

앞에서 투자와 관련된 개념과 상식들을 알아봤으니 이제는 실행에 관한 구체적인 이야기를 해야겠다. 먼저 투자를 막 시작한 사람들에게서 발견되는 세 가지 특징을 살펴보자.

(1) 모든 자산을 한두 개의 주식 혹은 한 곳에 투자한다

세계 어느 회사든 성장만 하는 곳은 없다. 어떤 회사의 주식은 꽤 오랜 기간 상승하는 추세를 보이기도 하지만 언제든 폭락할 수 있는 리스크가 존재한다. 예를 들어 2000년 마이크로소프트는 반독점 소송에서 패소하면서 주가가 하루아침에 반 토막 났고 15년 후인 2015년에야 당초의 주가를 회복할 수 있었다. 2010년 5월 6일에는 줄곧 안정적인 상승세를 보이던 다우존스지수의 구성주인 P&G 주가가 한순간에 37%나 하락하면서 주식 시장 전체가 10% 하락하는 상황이 벌어졌다. 정확한 원인이 무엇이었는지는 현재까지도 밝혀지지 않았다. 만약 이때 레버리지로 P&G의 주식을 산 사람이 있었다면 아마 굉장히 큰 손실을 입었을 것이다.

그밖에도 어떤 주식이든 계속 오르기만 할 수 없기 때문에 언젠가는 매도를 해야 한다. 그런데 적절한 타이밍을 고르는 것이 결코 쉽지 않다. 나는 바이두, 페이스북, 테슬라가 상장할 때 그들의 주식을 다량 매입했다. 아마 오늘날 많은 사람들이 보기에 정말 괜찮은 투자였다고 생각할 것이다. 실제로도 많은 수익을 남긴 투자였다. 그러나 내가 이 주식들을 매도했을 때의 가격은 현재2017년 가격의 33%, 70%, 50%밖에 되지 않았다. 즉, 올바른 투자처를 골라 가장 빨리 투자를 했음에도 불구하고 이익을 극대화하는 데는 실패한 셈이다.

(2) 주식에 투자하는 자산 비율이 적다

사람들은 주식 거래를 통해 자신의 투자 능력을 시험해보고 싶어 한다. 그러나 한편으로는 돈을 잃는 것이 두려워 매번 적은 수량만 거래하는 사람들이 많은데 이러한 방법은 실질적으로 시간과 거래 수수료를 낭비하는 것밖에 되지 않는다. 내 지인 중 한 명은 자신의 총 자산 중 0.5%를 주식 몇 주에 투자하면서 자신에게도 워런 버핏 같은 능력이 있는지 시험해보고 싶다고 말했다. 나는 그에게 이러한 투자는 정말 아무 의미 없는 일이라고 거듭 말했다. 만약 그가 어쩌다 주식을 정말 잘 선택해서 2년 사이에 10배의 수익을 실현한다면연간 수익률 316% 수준 굉장히 좋은 일이다. 하지만 이 주식에 투자한 돈은 총 자산의 0.5%밖에 되지 않기 때문에 그의 총 자산은 겨우 1.6%가량 증가할 뿐이다. 게다가 이런 일이 매년 있는 것도 아니고, 일반 유통 주식 가운데 2년 사이에 10배가 오르는 주식을 찾는다는 것은 거의 불가능한 일이다. 그러므로 그럴 바엔 주식 시장에서 괜한 시간과 힘을 낭비하지 말고 자신의 본업에 충실하거나 휴식을 취하며 가족들과 더 많은 시간을 함께 보내는 편이 낫다.

(3) 자신이 고른 몇 가지 주식으로 자신만의 투자조합을 만든다

만약 운이 좋아서 자신이 고른 20개의 주식이 모두 성과가 좋다면 최종적으로 인덱스펀드에 버금가는 수익을 얻을 수 있을 것이다. 30개 주식으로만 구성된 미국의 다우존스지수와 S&P500 지수를 비교해보면 둘 사이의 관련성은 99%가 넘는다. 다시 말해 대표성을 가진 소수의 주식으로 조합된 지수와 수백 가지 주식으로 조합된 지수의 최종 결과가 비슷하다는 의미다. 기왕 이런 조합이 만들어져 있다면 굳이 시간과 공을 들여 주식을 연구할 필요가 있을까? 주식 투자자 중에는 기본적인 금융 지식조차 없는 사람들이 많다. 재무제표는 물론이고 회사법이나 증권법의 내용도 모르고 있는 경우가 많기 때문에 주식을 고를 때 온전히 자신의 감에 의존하거나 주변에서 들은 정보를 바탕으로 선택한다. 게다가 빈번한 거래로 수수료를 낭비하는 사람도 많다. 이렇게 몇 년을 투자해도 인덱스펀드의 수익을 초과할 가능성은 매우 희박하다. 보통 개인 투자자들 가운데 5%만이 인덱스펀드보다 좋은 성과를 내고 60%가량은 손해를 본다.

위의 세 가지 상황을 살펴보면 제대로 된 주식을 고른다고 하더라도 장기적이고 안정적인 성장을 유지하기는 어렵다. 그러므로 처음부터 자신이 주식을 직접 고르겠다는 생각은 버리고 인덱스펀드에 투자해 장기적인 수익을 얻는 것에 집중해야 한다. 그 다음으로는 주식 시장이 침체되어 있을 때 주식을 살 수 있는 돈이 있어야 하고, 주식 시장이 호황일 때 이윤을 얼마나 가져와야 할지 판단할 수 있어야 한다. 이 두 가지만 기억한다면 바보가 투자한다고 해도 실패하지는 않을 것이다. 마지막으로 개인의 상황에 따라 적절한 목표를 세워야 한다. 예를 들면 돈을 30년 동안 넣어놔도 상관없는 사람이 있고, 5년 후에 결혼 자금으로 써야 하는 사람이 있다면 이 두 사람이 고려해야 할 요소는 물론 목표도 완전히 달라진다. 또 리스크에 대한 내성이 강한 사람이 있고 자산이 5%만 줄어들어도 밤에 잠을 못자는 사람이 있다. 이 두 사람 역시 투자 방법이 달라야 한다.

성장을

꿈꾸는

너에게

반드시 기억해야 할
여섯 가지 투자 원칙

지금까지 설명했던 여러 가지 요소들을 종합적으로 고려해 사람들에게 다음과 같은 조언을 하고자 한다. 누구든 아래 여섯 가지 내용을 실천할 수 있다면 전문 투자기관 못지않게 풍성한 성과를 거둘 수 있을 것이다.

(1) 자신에게 적합하지 않은 투자 수단은 빨리 잊어버려라

앞 장에서 이야기한 투자 수단 중 벤처 투자 펀드, 금융파생상품, 가치가 높은 현물 이 세 가지는 크게 고려하지 않아도 된다. 일반 사람들에게 적합하지 않은 투자 수단이기 때문이다. 물론 고가의 장신구 혹은 그림을 좋아하는 사람이라면 사서 직접 사용하거나 감상하는 것은 문제가 되지 않지만 이것은 투자라고 볼 수 없다.

(2) 집을 살 수 있는 능력이 있다면 집을 사는 것이 좋다

여기에는 전제가 있다. 젊은 사람들 중에 지금 머물고 있는 도시에 오랫동안 살 예정이고, 무리하지 않고 집을 살 능력이 있어야 하며, 투자용 집이 아닌 거주용 집이라는 점이다. 비록 일선 도시의 집값은 굉장히 비싼 편이지만 투자 가치보다는 집의 사용 가치를 먼저 생각해야 한다. 집을 사려는 사람들 중에는 집값이 떨어지기만을 기다리는 사람들도 많다. 어쩌면 몇 년 후에는 집값이 떨어질 수도 있지만 생활의 질이 크게 떨어지는 것을 감수하면서까지 기다릴 필요는 없다. 그리고 만약 현재 집을 살 능력이 없다면 집을 사야 한다는 막연한 생각 때문에 무리해서 살 필요는 없다. 만약 무리하게 대출을 받아 집을 산다면 가족 모두에게 큰 부담이 되고 결국 생활의 질을 떨어트리게 된다.

(3) 주식은 여전히 좋은 투자 수단이다

주식의 좋은 점은 장기적인 성장의 기회를 얻을 수 있다는 것이다. 비록 아직까지 중국 주식 시장의 질서가 완전히 자리 잡힌 것도 아니고 지난 10년 동안 일반 투자자들이 주식 시장에서 큰 수익을 얻은 것도 아니지만, 세계적으로 봤을 때나 지난 수백 년의 역사를 돌이켜봤을 때 주식은 여전히 좋은 투자 수단이다. 물론 앞에서 분석했던 것처럼 일반 투자자들은 거래 비용이 비교적 낮은 인덱스펀드만 주목하면 된다. 섣불리 투자하면 리스크만 커질 뿐 아니라 설령 좋은 주식을 만난다 하더라도 장기적인 수익에 큰 도움이 되지 않는다.

(4) 인덱스펀드를 찾아 투자하라

투자 수단이 주식과 채권 두 종류만 남았을 때 자산을 어떻게 배분할지는 비교적 일목요연해진다. 가장 먼저 할 일은 지금까지 비교적 성과가 좋았던 인덱스펀드를 찾아 투자하는 것이다. 비록 많은 투자자들이 '과거의 성과가 미래의 수익을 반영하지 않는다'라고 말하지만 과거에 줄곧 성과가 좋지 않았던 펀드는 앞으로도 좋은 성과를 낼 가능성이 희박하다. 중국 주식 시장에는 '흑오류黑五類주식'이라는 말이 있는데 소형주, 실적이 좋지 않은 주, 재료주, 작전주, 가짜 상장주를 가리키는 말이다. 뒤의 네 종류의 주식은 최대한 멀리해야 한다. 소형주의 경우에는 신생 기업이고 규모가 작다면 문제가 되지 않는다. 그러나 몇 년 동안 이윤 창출이 되지 않고 성장하지 않는 회사라면 이런 주식도 멀리해야 한다. 적절한 인덱스펀드를 찾았다면 다음에 할 일은 좋은 채권을 찾는 것이다. 일반적으로 지방채권과 기업채권재테크 상품 형식으로 나오는 채권은 등급 평가가 엄격하지 않아 상대적으로 위험이 크기 때문에 국고채권이 유일한 채권 투자 수단이라고 볼 수 있다.

(5) 자신의 상황과 여건에 맞는 투자를 하라

우선 자신의 수입 현황, 리스크에 대한 내성, 돈이 필요한 시기

등을 고려해 자산을 비율에 따라 주식과 채권에 적절히 배분해야 한다. 예를 들어 나이가 비교적 젊고 평소에 돈이 들어가는 곳이 많지 않으며 투자의 목적이 노후 대비인 사람은 자산의 80%를 인덱스펀드에 투자하는 것이 비교적 안정적이다. 그리고 나머지 20% 중 5%는 현금으로 남겨놓고 나머지는 국고 채권에 투자하면 된다. 그러나 이미 나이가 55세 이상이고 당장 5~10년 뒤 노후를 준비하는 것이 목표라면 이런 투자 방식으로는 곤란하다. 주식 시장의 침체기가 길게는 20년까지도 이어질 수 있기 때문이다. 미국 주식 시장은 1929년부터 1933년까지 이어진 경제 위기 이후 30여 년이 걸려서야 당초의 수준을 회복했고, 2001년 나스닥 붕괴 이후에는 2016년에 이르러서야 회복할 수 있었다. 심지어 일본 주식 시장은 1991년 경기 침체 이후 아직까지도 회복을 못하고 있다. 그러므로 당장 돈이 필요한 상황에서 마냥 기다리고 있을 수는 없다. 장년층의 경우 투자를 할 때 안전하고 확실해야 한다. 마찬가지로 머지않아 결혼을 하거나 집을 사려고 계획 중인 사람이라면 주식에 큰돈을 투자해서는 안 된다. 만약 주식 투자로 필요한 자금을 벌어보겠다는 생각이라면 더욱 위험하다. 뛰어난 운동 선수도 시합에서 잘해야겠다는 압박에 시달리면 괜히 동작이 이상해지는 것과 같은 원리다.

(6) 상황에 맞게 투자 포트폴리오를 조정하라

만약 투자 포트폴리오를 주식과 채권으로 구성했다고 치자. 이때 주식 투자 수익률이 채권 투자 수익률보다 크다면 기존에 설정했던 비율을 굳이 고집할 필요는 없다. 예를 들어 주식과 채권의 비율이 원래 7:3이었다면 8:2 정도로 조정할 필요가 있다. 이때 주식으로 얻은 수익은 또 다른 주식을 사는 데 모두 써버릴 것이 아니라 일부는 따로 모아놓아야 한다. 한 가지 기억해야 할 것은 운이 좋아서 큰 수익을 얻었다면 신에게 감사한 마음을 가져야지 본인의 능력이 뛰어났기 때문이라고 자만해서는 안 된다. 반대로 주식이 폭락했을 때는 가만히 앉아 손해를 감수하고 있을 것이 아니라 갖고 있는 현금이나 채권을 현금화해 주식을 사들여 당초에 설정한 주식의 자산 비율을 유지해야 한다. 투자 포트폴리오의 조정은 일 년에 한 번 정도가 적당하다. 이렇게 조정하는 목적은 워런 버핏의 말처럼 '남들이 탐욕스러울 때 두려워하고, 남들이 두려워할 때 탐욕스러워져라'는 말을 실천하기 위함이다.

6장

대가의 지혜

"역사상 위대한 대가들의 삶은 내 인생에 많은 깨
달음을 줬다. 그리고 살면서 세계 곳곳에서 만난 여러
훌륭한 사람들의 사고방식 역시 내 인생에 커다란 영
향을 끼쳤다."

구글 창업자
래리 페이지의 경영관

구글의 성공은 전적으로 공동 창업자 래리 페이지와 세르게이 브린의 공이 가장 크다. 내가 2002년 구글에 입사했을 때 서른살이 채 되지 않은 래리 페이지는 제품 부문 사장이었고 래리보다 생일이 몇 달 빠른 세르게이 브린은 엔지니어 부문 사장이었다. 오늘날 많은 회사들이 처음에는 창업자가 회사를 운영하다가 규모가 점점 커지면 전문 경영인에게 맡기고 대표 직함만 가져간다. 2001년 에릭 슈미트가 구글의 CEO를 맡으면서 업계에서는 구글이 권력 승계를 마쳤다고 생각했다. 게다가 당시 페이지와 브린이 언론에 거의 모습을 드러내지 않았기 때문에 사람들도 그들을 크게 신경 쓰지 않았다.

하지만 구글 내부에서는 페이지와 브린이 절대 뒤로 물러난 것이 아니라는 걸 알고 있었다. 그들이 사무적인 일에 개입하지 않은 것은 오로지 경험이 부족해서였다. 사무적인 일들은 대부분 에릭 슈미트에게 맡겼지만 중요한 결정을 내릴 때는 여전히 두 사람의 의견이 결정적인 영향을 미쳤다.

한번은 기자가 에릭 슈미트에게 이렇게 물었다.

"구글에서는 '나쁜 일은 하지 않겠다Don't be evil'는 모토를 내걸었는데 나쁜 일의 기준은 무엇입니까?"

그러자 에릭 슈미트가 농담조로 대답했다.

"브린이 나쁘다고 말하는 모든 것이죠."

이 대답만 봐도 두 창업자의 영향력이 얼마나 컸는지 알 수 있다. 페이지와 브린이 계속해서 큰 영향력을 유지할 수 있었던 또 다른 이유는 창업 때부터 창립 멤버들과 한솥밥을 먹으며 함께 일했기 때문이다. 내 기억에 에릭 슈미트는 직원들과 함께 식사를 하는 일이 많지 않았는데 두 사람은 늘 직원들과 함께 식사를 했다. 페이지는 오후에 직원들과 함께 롤러 하키를 즐겼고 브린은 저녁에 휴게실에서 직원들과 간식을 먹으며 이야기 나누는 걸 좋아했다. 구글에서 두 사람 못지않은 영향력이 있는 홀츠 역시 저녁에 직원들과 함께 식사하고 포커 등의 게임을 즐겼다.

2011년 이전까지만 해도 마이크로소프트를 비롯한 경쟁사들은 구글의 발전 가능성을 크게 보지 않았다. 그들의 가장 큰 실수는 래리 페이지의 역량을 과소평가한 것이었다. 페이지는 오랜 기간 학생의 신분을 자처하며 슈미트를 스승으로 모셨다. 그래서 외부 특히 마이크로소프트에서는 페이지를 철부지 어린 아이쯤으로 생각하고 크게 견제하지 않았다. 페이지는 구글을 창업할 때부터 여러 대기업의 경영 방식을 연구했고 시간이 날 때마다 기업들의 재무제표를 읽었다. 그는 식사할 때 직원들과 이야기를 나누면서도 틈틈이 재무제표를 살펴봤다. 덕분에 구글에서는 대부분의 엔지니어가 골드만 삭스의 전문가만큼 재무제표를 읽을 줄 안다.

2011년 페이지가 슈미트 대신 CEO의 자리에 올랐을 때 월스트리트에서는 많은 우려를 표했다. 하지만 그는 보란 듯이 구글을 훌륭하게 경영했고 진취적이고 혁신적인 리더의 모습을 보여줬다. 여기에서는 래리 페이지의 기업 경영에 관한 세 가지 지혜를 함께 이야기해보려고 한다.

(1) 칫솔 같은 제품을 만든다

첫 번째 지혜는 좋은 제품을 판단하는 기준에 관한 것이다. 좋은 제품이란 우선 기능이 우수해야 하고 그 다음으로는 많은 사람들이 신뢰하는 브랜드의 것이어야 한다. 구글은 이 두 가지를 모두 갖춘 기업이다. 구글은 어떻게 이런 일을 해낼 수 있었을까? 페이지는 이해하기 쉬운 비유를 들어 이를 설명했다.

좋은 제품이란 칫솔과 같아야 한다. 칫솔의 특징은 무엇일까? 칫솔은 모든 사람들이 매일 두세 번씩 사용하는 물건이다. 비록 한 번에 사용하는 시간은 3분에서 5분 남짓밖에 되지 않지만 모든 사람이 매일 습관적으로 사용하고, 없으면 안 되는 물건이다.

좋은 제품이란 바로 이 칫솔처럼 사용자가 하루에 단 몇 분이라도 매일 사용해서 나중에는 습관적으로 사용하는 것이다. 구글에서 가장 성공한 제품은 검색 서비스다. 구글은 검색 서비스를 사용자가 매일 두세 번씩 이용하다가 나중에는 습관처럼 이용할 수 있게 하는 것을 목표로 했다.

사실 이러한 생각은 페이지 혼자만의 생각은 아니었다. P&G, 코카콜라 등의 회사에서도 오래 전부터 이러한 생각을 바탕으로 제품을 만들고 있다. P&G는 우리가 익히 알고 있는 크레스트 치약, 타이드 세제, 팬틴, 헤드앤숄더 샴푸 등 각종 생활용품을 만드는 회사로 사람들은 이 제품들을 매일 사용하면서 서서히 'P&G=생활용품'이라는 인식을 갖게 되었다. 코카콜라의 음료도 마찬가지다. 이처럼 어떤 제품이든 사람들이 습관적으로 사용하게 되면 사업은 안정적인 단계에 들어선다. 페이지는 이러한 제품들만 잘 모아서 제공한 것뿐이다.

칫솔 같이 일상적인 제품을 만드는 것은 쉬운 것처럼 보이지만 사실 누구나 이런 제품을 만들 수 있는 것은 아니다. 많은 사람들이 두 가지 근본적인 문제를 해결하지 못하기 때문이다.

첫째, 칫솔은 매일 사용하는 제품이므로 신뢰할 수 있고 안정적으로 사용할 수 있어야 한다. 만약 제품이 어느 때는 잘 작동되고, 어느 때는 잘 작동되지 않는다면 소비자는 제품을 신뢰하지 못하게 된다. 99%는 멀쩡하다가 1%만 문제가 생겨도 상황은 마찬가지다. 구글 검색 엔진이 중국 시장에서 선전하지 못한 까닭은 기술력이 부족해서가 아니라 안정적인 서비스를 제공하지 못했기 때문이다. 만약 일 년 중 총 열흘 동안 문제가 있었다고 치자. 별거 아닌 것처럼 보일 수 있지만 이미 문제가 생길 확률은 1%가 넘은 것이다. 이렇게 작동이 원활하지 않은 '칫솔'을 사용하고 싶은 소비자는 없다.

둘째, 칫솔과 같은 제품은 대개 기능이 단순하기 때문에 다른 제품으로 쉽게 대체될 수 있다. 인간은 호기심이 많아서 한 제품을 오래 쓰다 보면 새로운 제품을 사용해보고 싶은 충동이 생긴다. 페이지는 이 문제를 해결하기 위해 제품을 가장 잘 팔리는 베스트셀러로 만들어야 한다고 말했다.

좋은 제품은 정기적으로 소비자에게 특별한 모습으로 존재감을 드러낸다. 코카콜라와 P&G는 매년 수백 억 달러를 광고 비용으로 쏟아 붓는다. 광고를 통해 소비자들에게 특별한 인상을 남기려는 것이다. 이 두 회사는 광고와 더불어 대형 마트의 판촉 활동을 통해 신제품을 매대 가장 앞자리에 배치하는 등 제품에 대한 인상을 강화시키려고 끊임없이 노력한다.

인텔의 CEO였던 앤디 그로브는 생전에 한 회의 석상에서 사람들에게 이런 질문을 받았다. 왜 썬마이크시스템즈, 실리콘그래픽스, 모토로라의 RISC 처리기가 인텔을 따라잡지 못하냐는 것이었다RISC 처리기는 인텔의 X86보다 훨씬 합리적이었고 이 점은 모바일 인터넷 시대를 맞이한 오늘날 이미 검증된 사실이기도 하다. 이 질문에 대해 그로브는 당시 워크스테이션 처리기를 만드는 회사들은 36개월마다 기존 처리기보다 속도가 4배 빠른 제품을 출시한 반면, 인텔은 18개월마다 기존 처리기보다 2배 빠른 제품을 출시했기 때문이라고 대답했다. 결과적으로 보면 모든 회사가 같은 속도로 발전했지만 다른 회사들은 신제품을 출시하는 주기가 너무 길었기 때문에 그 사이에 소비자들에게 잊혀졌다. 반면 인텔은 비록 절반의 성과이긴 하지만 남들보다 빨리 신제품을 출시해 사람들의 머릿속에 각인될 수 있었던 것이다.

전자 제품의 경우 통상 일 년 정도로 컴퓨터 처리기보다 훨씬 주기가 짧아야 한다. 또한 출시 시기는 쇼핑 시즌인 연말이 가장 좋다. 만약 쇼핑 시즌 전에 신제품을 출시하지 않으면 이듬해 판매량에 큰 지장을 주고, 이런 일이 한두 번만 발생해도 해당 브랜드는 소비자의 시야에서 멀어지게 될 것이다. 1980~90년대 이름만 들어도 누구나 알 법한 일본의 유명 가전제품 브랜드들이 21세기

들어 경쟁에서 크게 밀려난 데는 여러 가지 원인이 있겠지만, 그중 가장 중요한 원인은 창업주들이 경영 일선에서 물러난 이후 제때 신제품을 출시하지 못했기 때문이다.

그렇다고 신제품의 개수가 많을수록 무조건 좋은 것은 아니다. 신제품을 수시로 출시한다는 것은 불가능할 뿐만 아니라 필요하지도 않다. 인텔은 18개월을 주기로 새로운 제품을 출시했으니 경쟁사들보다 업무량이 두 배 많았고 경영 능력과 개발 효율도 동종 업계보다 훨씬 높아야 했을 것이다. 제품 출시 주기를 무리해서 단축하면 비용 부담이 커질 뿐만 아니라 회사 전체가 온통 출시 날짜에만 정신이 팔려 장기적인 발전 방안을 모색하지 못한다. 게다가 신제품 출시 주기는 짧지만 제품의 변화가 너무 작을 경우 소비자들의 주목을 받지 못할 수도 있다. 아무리 유명한 배우라고 해도 TV에 너무 자주 나오면 지겨운 법이다.

그렇다면 페이지의 이 두 가지 제품 전략을 어떻게 적용할 수 있을까? 먼저 내 경험을 이야기해보도록 하겠다. 내가 더따오 앱에 칼럼을 연재할 때 처음에는 일주일에 다섯 번 글을 올리기로 했지만, 나는 미리 약속한 횟수와 관계없이 매일 글을 올렸다. 매일 같은 시간에 글을 올리면 독자들도 매일 정해진 시간에 와서 칼럼을 읽을 수 있을 거라 생각했기 때문이다. 그렇지 않고 어느 날은 올리고 어느 날은 올리지 않는다면 매일 칼럼을 읽으러 찾아오지도 않을 것이고 매일 칼럼을 읽는 습관을 형성하기도 어려울 것이다. 그렇게 일 년 동안 칼럼을 연재한 결과 <실리콘밸리에서 온 편지>의 구독률은 굉장히 높았다. 사람들에게 매일 '칫솔질'하는 습관이 형성된 것이다. <실리콘밸리에서 온 편지>뿐만 아니라 내가 쓴 책에 대해서도 마찬가지다. 나는 강연을 할 때마다 혹은 언론 매체와 인터뷰를 할 때마다 내 책을 꾸준히 홍보한다. 그리고 가급적이면 일 년이 채 지나기 전에 새 책을 출간하거나 상황이 여의치 않으면 기존 책의 개정판이라도 내려고 한다. 목적은 독자들에게 존재감을 드러내고 베스트셀러 반열에 오르기 위해서다. 이렇게 하다 보면 독자들도 일 년 정도 지나면 우쥔 교수의 새 책이 나올 거라는 기대를 하게 될 것이다.

나는 직장에 다니는 친구들에게도 이러한 전략을 활용해보라고 조언한다. 자신이 한 주 동안 한 업무를 세 마디로 요약해 매주 월요일에 상사에게 보고하는 식으로 말이다. 또 반 년 혹은 일 년에 한 번 그들에게 혁신적인 성과를 보여주는 것이다. 이렇게 하는 직원을 누가 아끼지 않을 수 있겠는가.

(2) 본질에서 비즈니스 모델을 찾다

래리 페이지의 두 번째 지혜는 구글이 장기적으로 수익을 낼 수 있는 비즈니스 모델을 찾은 것이다. 모두가 알다시피 구글은 검색 엔진 기술을 바탕으로 만들어진 회사다. 좋은 기술과 제품을 만들어놓으니 사용자는 서서히 늘어났다. 하지만 그 이후에는 어떻게 돈을 벌었을까? 구글의 초기 비즈니스 모델은 다른 회사들과 비슷했다. 바로 서비스 비용으로 돈을 버는 것이었다. 물론 기꺼이 비용을 지불하는 쪽은 기업들이었다. 그래서 구글은 일반 사용자를 위한 검색 엔진과 기업을 위한 검색 서비스를 따로 제공했다. 전자의 경우 직접 수익을 내지는 못했고 야후 같은 대형 인터넷 회사에서 아주 적은 금액의 사용료를 받는 것이 전부였다. 구글은 창업 3년 차에 야후와 검색 서비스 계약을 맺었는데 계약 금액은 일 년에 700만 달러에 불과했다. 현재 구글이 30분에 700만 달러를 벌어들인다는 사실과 비교하면 터무니없이 적은 수입이었다. 후자의 경우 구글에서는 기업을 위해 컴퓨터 서버를 특별 제작했다. 이 서버를 사내 인터넷에 연결할 경우 회사 내부의 모든 문서에 색인이 만들어져 사내에서 검색 서비스를 이용할 수 있게 되는 것이다. 창업 초기 구글의 수입 중 90% 이상은 바로 이 서버를 판매해 얻었다. 하지만 이 제품은 생산하는 데 너무 많은 돈이 들어갈 뿐만 아니라 돈을 벌기까지 오랜 시간이 걸렸다. 이 서버는 데스크탑 컴퓨터 한 대 정도 크기로 컴퓨팅 능력은 일반 컴퓨터의 8배 정도이고 구글의 모든 코드를 집대성해서 만들어진 것이다. 서버 한 대는 2만 달러에 판매되었는데 한 대를 팔기 위해 계약을 체결하는 과정이 짧게는 몇 주, 길게는 몇 달씩 걸렸다. 얼마 후 기업용 검색 서버 개발을 주도하던 한 교수가 퇴사하면서 급하게 전문 경영인을 섭외하려고 했지만 다들 회사의 사정을 보고는 고개를 저었다. 그렇다면 구글은 어떻게 오늘날과 같은 비즈니스 모델을 갖게 되었을까? 페이지는 이를 위해 관련 산업을 자세히 관찰하고 연구했다.

구글은 창업 3년 차에 미국에서 두 번째로 큰 위성방송 사업자인 에코스타 대표를 초청했다. 당시 IT버블이 깨지면서 인터넷 회사는 물론이고 다른 회사들도 한창 위축되어 있을 때 에코스타만은 승승장구했다. 당시 에코스타는 시가 총액이 100억 달러가 넘었고 한창 위축되어 있던 야후보다 규모가 훨씬 더 컸다. 에코스타에 대한 소개를 듣고 난 후 페이지는 직원들에게 말했다.

"다들 잘 들었나요? 사실 에코스타는 스스로 만드는 제품이 하나도 없어요. 위성은 사거나 빌린 것이고 TV 프로그램도 다른 미디어 회사에서 만든 것을 그대로 가져오고 있어요. 위성 수신 안

테나는 중국에서 사온 것이고, 셋톱박스는 모토로라에서 주문 제작하고 있답니다. 결국 에코스타가 하는 일은 단순히 TV 프로그램을 단말기 사용자에게 보내주는 것뿐이죠. 그런데도 이 회사는 수백 억 달러의 가치가 있습니다."

에코스타를 보고 큰 깨달음을 얻은 것인지 아니면 페이지가 기존에 갖고 있던 생각이 에코스타의 방식과 맞아떨어진 것인지 어쨌든 그는 인터넷상의 유용한 콘텐츠를 각각의 소비자에게 전달해주는 것으로 사업 방향을 재정비했다. 이후 구글에서는 '모든 사용자에게 유용한 정보를 전달한다'는 모토로 제품을 만들었고 수익 창출에 관해서는 '검색 광고'라는 비즈니스 모델을 찾았다. 이때부터 구글은 서서히 기업 검색 서비스를 축소했고 나중에는 아예 중단해버렸다. 한때 수익의 90%를 담당했던 서비스는 그렇게 사라지게 되었다. 그리고 이러한 전환을 통해 구글은 세계 최대의 인터넷 회사로 거듭날 수 있었다.

오늘날 동종 업계 사람들은 본인들도 똑같은 방식으로 서비스를 제공하고 있고 사용자와 트래픽도 높은 편인데 왜 구글만큼 돈을 벌지 못하느냐고 하소연한다. 이런 사람들이 주목해야 할 점은 페이지가 트래픽 생성보다는 유용한 콘텐츠를 제공하는 데 중점을 뒀다는 것이다. 이때 99%의 사람들은 '콘텐츠'에만 주목하지만 정말로 주목해야 할 단어는 '유용'이라는 두 글자다. 에코스타가 큰돈을 벌 수 있었던 건 고객들이 그들이 제공하는 유용한 콘텐츠를 보기 위해 한 달에 40달러라는 시청료를 기꺼이 지불하기 때문이다. 구글의 고객들에게 유용한 콘텐츠란 무엇일까? 사용자가 어떤 내용에 대해 검색할 때 불필요한 상업적 광고 대신 정말로 필요한 관련 정보를 얻는 것이다. 요즘 1인 미디어나 뉴스 사이트들을 보면 유용한 내용은 거의 없고 대부분 쓰레기나 다름없는 정보들만 가득하다. 그러니 사용자들이 이용하지 않는 것이다.

사실 구글이 제공하는 콘텐츠는 그들 소유가 아니다. 그렇기 때문에 구글에서 콘텐츠의 좋고 나쁨까지 통제할 수 없다. 단지 알고리즘을 통해 검색 결과의 품질을 높일 수 있을 뿐이다. 사용자에게 유용한 정보란 객관적이고 공정해야지 단순히 누가 돈을 더 많이 냈다고 검증되지 않은 정보를 우선적으로 제공해서는 안 된다. 그래서 구글은 검색 순위를 사고파는 행위나 인위적으로 사이트 순위를 높이는 행위 등을 엄격하게 금지하고 있다. 구글은 이런 행위를 명백한 부정행위로 간주해 처벌하고 심지어 링크를 삭제하기도 한다. 사용자들은 제공되는 정보가 유용해야 수고를 무릅쓰고 사이트를 찾아온다. 물론 사용자들은 이미 인터넷에서 무료로 서비스를 이용하는 데 익숙해져 있으므로 에코스 타처럼 비용을 받을 수는 없었다. 그래서 구글은 광고 업체로부터 광고비를 받는 것으로 수익을 얻었다. 그리고 사용자들의 착오가 없도록 돈을 받고 내보내는 상업적인 정보와 사용자들의 검색 결과를 철저히 분리해놓고 이를 통해 사용자들이 상업적인 정보의 영향을 받지 않고 오직 자연 검색 결과만으로 평가할 수 있도록 했다. 페이지는 돈을 받는 광고 역시 사용자들에게 유익한 것이어야 사업을 오래 유지할 수 있을 거라 생각해서 가짜 약을 판매하거나 불법으로 게임 머니를 거래하는 등의 유해한 광고는 절대 내보내지 않았다. 지금까지도 구글은 '모든 사용자에게 유용한 정보를 전달한다'는 단순한 비즈니스 모델을 유지하고 있다. 그리고 이를 실천함으로써 많은 사용자들의 사랑을 받고 있다.

　페이지의 이러한 생각은 단순해 보이지만 사실 비즈니스에 대한 깊은 이해를 담고 있다. 비즈니스 모델을 살펴볼 때는 표면적인 것뿐만 아니라 그 안의 본질까지도 볼 수 있어야 한다. 표면적으로 인터넷 광고를 통한 수익 창출은 모두 동일한 비즈니스 모델처럼 보이기 때문에 많은 사람들이 자신의 사이트를 구글과 동일시하곤 한다. 그러나 사실 트래픽을 조작하고 사용자를 매수하는 사이트들과 구글은 절대 같다고 말할 수 없다. 반면 구글의 '무료서비스+광고' 모델과 에코스타의 유료 모델은 표면적으로 봤을 때는 다른 것처럼 보이지만 본질적으로 살펴보면 사용자들에게 유용한 콘텐츠를 제공한다는 점에서 동일하다.

구글의 비즈니스 모델의 본질에는 또 한 가지 중요한 요점이 있다. 바로 유용한 콘텐츠가 꼭 본인의 것일 필요는 없다는 것이다. 구글이나 페이스북 같은 회사는 콘텐츠를 소유하고 있지 않지만 대신 사용자들을 연결해주는 시스템이 있다. 에어비앤비도 집을 소유하고 있지 않지만 세계 최대의 숙박 연결 회사고, 우버 역시 차량을 소유하지 않는 세계 최대의 카풀 서비스 회사다. 이 점을 이해한다면 인터넷 경제의 본질도 쉽게 이해할 수 있을 것이다.

(3) 미래에 대비하다

어떤 일이든 시작이 있으면 반드시 끝이 있고, 사람도 일단 태어나면 언젠가 죽는다. 모든 생물이 이와 같고, 회사도 마찬가지다. 하지만 많은 기업가들이 여전히 '백년 기업'을 꿈꾸며 창업을 한다. 그러나 세계적으로 100년의 명맥을 이어가는 회사는 많지 않다. 특히 미국에서는 백년 기업을 거의 찾아볼 수 없다. <포춘>지 선정 500대 기업의 평균 연령은 30세 정도인데 그중 대부분이 IT 혁명 이후 생겨난 신생 회사다. 다우존스지수 구성 종목에 포함된 기업 중 유일하게 GE만이 100년 넘게 해당 지수의 구성주로 남아 있을 뿐, 한때 GE와 어깨를 나란히 하던 거물들은 오늘날 모두 자취를 감췄다.

변화무쌍한 오늘날에는 규모가 크고 완전한 백년 기업보다는 전문성 있고 활력 넘치는 회사를 만들어야 한다. 페이지도 이 사실을 늘 염두에 두고 있었다. 구글은 현재까지도 빠르게 발전하고 있는 기업이고 2015년과 2016년 영업 이익이 중국의 알리바바, 바이두, 텐센트 그리고 미국의 아마존, 이베이, 야후의 총합에 버금가는 수준이었다. 하지만 그렇다고 해서 구글이 한때는 찬란했지만 이제는 쇠퇴해버린 수많은 기업들의 전철을 밟지 않으리라 확신할 수는 없다. 이러한 국면을 피하기 위해서는 회사가 한창 힘차게 발전하고 있을 때 장차 쇠퇴할 때를 대비해야 한다.

페이지는 회사 내부에서 열린 회의에서 기업은 생물과 같아서 자라면서 서서히 노화하고 쇠퇴해 언젠가는 죽음을 피할 수 없다고 말했다. 그러면서 이 세상에 죽지 않는 생물이 딱 한 가지 있는데 바로 해파리라고 했다. 어떤 해파리는 일반적인 상황에서는 다른 생물들과 마찬가지로 생로병사의 과정을 모두 거치지만 일부러 바늘로 자극을 주면 새로운 세포가 생겨난다고 한다. 그리고 나중에 모체가 죽으면 새로운 세포가 자라서 다시 완전한 해파리가 된다. 페이지는 구글이 끊임없이 새로운 제품을 창조한다면 이 제품들이 새로운 세포처럼 자라나 나중에는 모체에 의존하지 않아도 생존할 수 있을 거라고 믿었고, 이러한 방식으로 대기업의 숙명으로부터 벗어날 수 있기를 바랐다. 그래서 그는 회사의 모든 자원을 이용해 새로운 분야의 혁신을 꾀하고 있다.

이에 따라 구글은 구글 벤처, 구글 X실험실 등의 독립 부문을 신설했다. 이 일들은 처음부터 브린이 맡아서 관리했고 페이지는 구글의 일상적인 경영 관리에 계속 힘썼다. 그는 구글의 미래에 대한 새로운 구상이 세워지자 제품 부문 부사장들에게 앞으로는 자신이 아닌 순다르 피차이에게 보고하도록 했다. 페이지는 일찍이 피차이를 눈여겨봤다. 그는 피차이가 웹브라우저 크롬Chrome 프로젝트를 담당할 때 보여준 능력을 높이 사 나중에는 안드로이드라는 중요한 부문을 맡기기도 했다. 일 년 후 페이지는 피차이에게 제품부문 최고운영책임자의 직책을 주고, 얼마 뒤 회사의 이름을 알파벳Alphabet으로 바꾼 다음 기존의 업무들을 구글이라는 이름으로 한데 묶어 그에게 맡겼다. 이미 제품 부문 부사장들이 일 년 넘게 피차이에게 보고를 하고 있었으니 모든 것이 수월하게 진행되었다.

페이지는 왜 기존에 잘 나가던 업무들은 모두 피차이에게 맡기고 본인은 굳이 어려운 길을 선택했을까? 그건 페이지의 현명한 선택이자 업무 분할을 할 때 가장 중요하게 생각한 부분이기도 하다. 통상 회사의 창립자가 새로운 분야에 도전할 때는 관련 분야의 전문가를 영입해 일을 맡긴다. 그런데 구글은 완전히 상반된 방식을 택했다. 페이지는 기업 유전자결정론의 영향력을 잘 알고 있었고 만약 자신이 기존의 업무를 계속 맡아서 이끌어 가고 새로운 사람에게 새로운 업무를 맡긴다면 결국 IBM의 개인 컴퓨터 부문이나 마이크로소프트의 온라인 부문처럼 경쟁력이 없어질 거라 믿었다. 그는 같은 실수를 저지르지 않기 위해 이미 잘 익은 과실은 타인에게 넘기고, 가장 많은 자원과 지지가 필요한 새로운 분야에 과감히 뛰어들었다.

구글이 업무를 분할할 때 또 한 가지 중요하게 생각한 것은 미국과 세계 각국 정부의 독점 반대 소송이었다. 검색과 온라인 광고 분야에서 선전하면서 구글의 시장점유율은 경쟁사들의 총합을 훨씬 넘어섰고 이에 독점 금지 소송은 불가피해보였다. 페이지와 브린은 준비성이 철저한 사람들이었다. 그들은 IBM과 마이크로소프트가 일찍이 독점 금지를 이유로 미 사법부에 고소당한 것을 교훈 삼아 2008년 당시 마이크로소프트의 독점을 고발한 미 사법부 고위 관료를 법무팀 총책임자로 선임했다. 그는 정부와의 모든 협상과 조율을 책임졌고 구글에 대한 미국 정부와 유럽연합의 독점 금지 조사에 대응했다. 그러나 구글에서 아무리 시기를 늦추려고 노력해도 독점 금지 소송을 완전히 피하는 것은 불가능했다. 물론 소송을 한다고 해도 구글 역시 마이크로소프트나 IBM처럼 기업이 분할되는 것은 막을 수 있었을 것이다. 하지만 소송에서 이긴다 한들 이후에는 발전에 제한이 있을 것이고 소송을 하는 동안 많은 기회를 잃게 될 것이다. 그러니 기왕 피할 수 없는 일이라면 미리 계획을 세워 놓아야 한다. 페이지는 이 사실을 누구보다 잘 알고 있었다. 구글의 업무 분할을 미리 단행한 것도 언젠가 닥칠지 모르는 독점 금지 소송에 대비하기 위해서였다.

업무 분할 이후 구글의 새로운 지주 회사가 된 알파벳은 각각의 업무 영역이 비교적 독립적으로 구성되어 있다. 운이 좋으면 구글은 미국 정부에 의한 업무 분할을 피할 수 있을 것이고, 그렇게 된다면 새로운 영역들을 모두 구글처럼 크게 키워 알파벳을 세계 최대의 기업으로 만들 수 있을 것이다. 하지만 운이 나쁘면 정부에 의해 업무가 분할될 가능성도 있다. 그렇다고 해도 구글의 새로운 사업들은 그 전에 충분히 발전해, 독립을 하더라도 업계의 선두 주자가 될 수 있을 것이다. 물론 오랜 시간이 흐르면 구글 역시 현재의 업무 규모를 축소해 나가야 할지도 모른다. 그리고 그렇게 오랜 시간 생존한 구글은 이미 창업 초기의 모습과 전혀 다른 형태로 변해 있을 것이다. 마치 죽지 않는 해파리처럼 새로운 세포들이 계속 자라나 형태를 유지하지만 모체는 이미 소멸된 것과 마찬가지다. 하지만 그렇다 해도 그들의 유전자는 변하지 않는다.

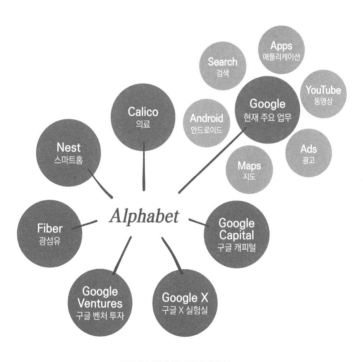

구글의 모회사 알파벳의 업무 구조

미국에는 대대로 이어져 내려오는 큰 가문들이 많다. 이러한 가문에서는 정신적 자산의 계승을 무엇보다 중요하게 생각한다. 정신적 자산이야말로 가문의 진정한 유전자이고 이러한 유전자가 제대로 계승되어야만 물질적 자산도 올바로 계승될 수 있기 때문이다. 마찬가지로 한 기업이 다음 세대에 물려줄 수 있는 것은 그들의 유전자뿐이다. 페이지는 어떤 기업이든 언젠가는 쇠퇴한다는 사실을 알고 있었기 때문에 죽지 않는 기업을 만들기보다는 기업의 유전자와 문화를 계승하는 방법을 고민했다. 즉 그의 역할은 땔나무의 불이 다 꺼지기 전에 계속해서 새로운 땔감을 넣어주는 것이었다.

성장을

꿈꾸는

너에게

워런 버핏과의
점심 식사

투자자들 중에는 워런 버핏과의 점심 식사 경매에 참여해 실제로 그와 식사를 한 사람들이 있다. 나는 그들과 만날 기회가 생기면 늘 같은 질문을 했다.

"그와는 어떤 이야기를 나누셨나요? 그렇게 큰돈이 아깝지 않을 만큼 유익한 식사였나요?"

그들은 대부분 이렇게 대답했다.

"그럼요, 전혀 아깝지 않았어요. 그의 인생의 지혜^{주의! 투자의 지혜가} 아니다를 배울 수 있는 시간이었거든요!"

그중 한 투자자가 전해 준 이야기를 통해 워런 버핏의 지혜를 엿볼 수 있었다. 그는 점심 식사 자리에서 세계적인 부자로 성공하게 된 비결을 물었다. 워런 버핏은 이렇게 대답했다고 한다.

"당신에게 무엇을 해야 하는지 알려줄 필요는 없을 것 같군요. 지금도 충분히 훌륭하고 무엇을 해야 할지 잘 알고 있으니까요. 대신 당신이 일생 동안 하지 말아야 할 일들을 알려줄게요. 첫째, 모르는 일은 하지 마세요. 둘째, 공매도를 하지 마세요. 셋째, 레버리지 투자를 하지 마세요."

(1) 모르는 일은 하지 마라

모르는 일을 하지 말라는 건 무슨 의미일까? 워런 버핏은 그동안 굉장히 많은 투자 기회를 스스로 포기했는데 그 이유는 자신이 그 산업에 대해 잘 모르기 때문이었다. 하지만 그럼에도 불구하고 버핏은 투자를 통해 큰돈을 벌었다. 사람들은 흔히 부지런히 여러 가지 일을 하는 것이 좋다고 생각한다. 하지만 워런 버핏은 산발적으로 여러 가지 일을 하기보다는 중요한 몇 가지에 집중하는 것이 더 좋다고 말한다. 워런 버핏이 이끄는 버크셔 해서웨이는 다른 투자 회사들과는 달리 투자하고 있는 회사가 많지 않다. 그 이유는 그가 제대로 이해하고 있는 회사가 많지 않기 때문이다. 사람들은 투자하는 회사에 대해 잘 알지 못할 때 리스크를 줄이기 위해 일부러 분산 투자를 한다. 하지만 그렇게 해서는 높은 수익을 얻을 수 없다.

그렇다면 기업이 하지 말아야 할 일은 무엇일까? 자신에게 익숙하지 않은 일, 자신의 핵심 업무가 아닌 일에 섣불리 뛰어들지 말아야 한다. 하지만 많은 사람들이 이 말을 믿지 않고 기어코 잘 모르는 일에 충분한 공부도 없이 도전장을 내민다. 이렇게 막무가내로 도전을 해서 한 번 정도는 성공할 수 있지만 장기적으로 보면 결국은 실패할 확률이 더 높다.

(2) 공매도를 하지 마라

공매도는 말 그대로 '없는 것을 판다'라는 뜻으로 주식이나 채권을 가지고 있지 않은 상태에서 매도하고 추후 가격이 내려가면 매수하는 식의 거래를 의미한다. 중국에서 허용되지 않는 거래 방식이지만 세계적으로 많은 사람들이 사용하고 있는 투기 수단이다. 워런 버핏과 함께 세계 3대 투자자로 불리는 조지 소로스 역시 공매도에 아주 능한 사람이었다. 그러나 워런 버핏은 특유의 신중함 때문에 공매도를 하지 않았고 다른 투자자들에게도 절대 권하지 않았다. 공매도가 위험한 이유는 이론적으로 주가의 상승은 한계가 없기 때문이다. 주가가 계속 상승하면 손실은 걷잡을 수 없이 커지므로 자칫 전 재산을 잃을 수도 있다. 미국에서는 이런 상황을 '와이프 오프wipe off'라고 한다. 버핏은 주식 시장에서는 돈을 버는 것도, 잃는 것도 모두 정상적인 일이고 이것은 사람의 힘으로 좌지우지할 수 있는 일이 아니라고 말했다. 하지만 명백히 잘못된 방법을 선택해 전 재산을 한번에 잃는 것은 피해야 한다.

(3) 레버리지 투자를 하지 마라

세 번째 상황은 두 번째와 비슷하다. 주식 시장 침체기를 경험한 사람이라면 레버리지에 대한 기억이 남다를 것이다. 주식 시장이 상승세일 때는 레버리지를 이용한 투자를 통해 큰 수익을 얻을 수 있다. 예를 들어 10배의 레버리지는 10%의 수익을 100%로 만들어 준다. 하지만 반대로 주식 시장이 하락세일 때는 10%만 떨어져도 금세 와이프 오프 상황이 벌어진다. 많은 사람들이 이익을 얻은 것만 기억하고 쓰라린 교훈은 쉽게 잊어버린다. 상황이 좋을 때는 자신이 주식의 신이라도 되는 양 으스대며 욕망을 키우다가 돈을 잃으면 자신이 무엇을 잘못했는지 반성하기보다는 모든 것을 상황이나 운 탓으로 돌려버린다. 이러한 마음가짐으로 레버리지를 이용한다면 한 번의 투자로 전 재산을 탕진할 수도 있다.

워런 버핏의 투자 방법은 교과서의 원칙에서 벗어난 것이 많다. 사람들은 리스크를 줄이기 위해 계란을 한 바구니에 담지 말라고 말한다. 즉 돈을 여러 종류의 주식에 분산 투자하라는 의미다. S&P500지수가 대표적인 예다. 워런 버핏 또한 이러한 투자 원칙에 공감했고, 유서에 자신이 죽고 나면 남은 재산의 대부분을 S&P500지수에 투자하겠다고 밝혔다. 하지만 그가 운영하는 버크셔 해서웨이는 광범위한 분산 투자를 하지 않고 자금을 10개 내외의 회사에 집중 투자하고 있다. 당연히 이렇게 하면 수많은 투자 기회를 놓치게 되지만 기회를 놓치는 것보다 실수를 줄이는 것이 목적이라면 이 방법이 옳다. 게다가 이런 경우 굉장히 높은 리스크를 감당해야 하는데 놀랍게도 워런 버핏은 지난 50년 동안 평균 수익률 22%라는 기록을 세웠다. 앞에서 언급한 워런 버핏만의 원칙에 기반한 결과다.

이처럼 워런 버핏은 굉장히 신중한 사람이지만 그렇다고 진취적이지 않은 사람은 아니다. 그는 자신이 잘 알지 못하는 일을 하지 않는다고 하지만 그건 어디까지나 '현재' 잘 알지 못하는 일에 해당하는 이야기일 뿐 평생 그 일을 하지 않는다는 의미는 아니다. 버핏은 한때 과학기술 분야에 대해 잘 알지 못한다는 이유로 이러한 회사에는 투자하지 않았다. 그러나 몇 년 전부터 IBM, 인텔 등 몇몇 회사에 투자하고 있다. 사람들은 그가 드디어 과학기술 분야에 관심이 생긴 것이라고 판단하는 한편, 이왕 이런 회사에 투자할 것이라면 왜 애플, 구글, 페이스북 등 빠르게 성장하고 있는 회사를 선택하지 않았는지 의아해 했다. 만약 그가 진작 이런 회사에 투자했다면 훨씬 더 큰돈을 벌 수 있었을 것이다. 특히 애플에 대한 투자는 왜 애플이 안정기에 접어든 이후에야 시작했는지가 항상 의문이었다. 그러던 중 2015년에 워런 버핏과 함께 점심 식사를 하게 된 한 기업가가 드디어 이 궁금증에 대한 답을 얻

었다. 워런 버핏은 자신이 현대 과학기술을 제대로 이해하고 있는
지에 대한 확신은 없지만 어떤 회사가 장기적으로 안정적인 수익
을 내고 투자자들에게 수익금을 나눠줄 정도면 그 회사의 비즈니
스 모델이 꽤 괜찮다고 확신할 수 있기 때문이라고 말했다.

워런 버핏이 투자할 회사를 선택할 때 가장 중요하게 생각하는
것은 바로 현금 흐름이다. 주식을 산다는 것은 그 회사의 미래를
사는 것인데 회사의 미래가 불투명하다면 투자할 가치가 없다. 버
핏이 IBM과 인텔을 선택한 까닭은 비록 성장 속도는 구글, 페이
스북, 아마존 같은 회사보다 훨씬 더디지만 대신 현금 흐름이 안정
적이고 지난 몇십 년 동안 가치가 충분히 증명되었기 때문이다. 버
핏은 늘 캐시 카우cash cow를 찾아다니고 매년 다량의 현금을 벌
어들인다. 그리고 이 돈으로 또 다른 캐시 카우를 찾아 투자한다.
워런 버핏은 한 회사의 단기적인 주가의 등락은 아무 의미가 없을
뿐만 아니라 미국회계기준에서 제시한 이윤도 믿을 수가 없고 오
직 얼마나 많은 현금주식배당 포함을 회수하는지가 중요하다고 말한
다. 버핏은 공중 누각 위에 세워진 주가를 신뢰하지 않고 장부에
만 존재하는 이윤도 믿지 않는다. 이처럼 그가 오로지 신뢰하는
것은 눈에 보이는 현금이다.

사람이 어떻게 하면 균형 있게 앞으로 나아가고 안정적인 인생

을 살 수 있는가에 관해 버핏은 일생에 두 번 부유할 필요가 없다고 말했다. 두 번 부유하다는 것은 무슨 의미일까? 어떤 사람이 창업에 성공해서 큰 부자가 되었는데 새로운 것에 도전하다가 빈털터리가 되고 불굴의 의지로 재기에 성공해 다시 한번 큰 부를 누리게 되는 것을 의미한다. 두 번의 부유라고 말하는 것은 부와 부 사이에 깊은 골이 있기 때문이다.

인생의 굴곡은 누구에게나 있는 것이지만 큰 부를 누리다가 하루아침에 빈털터리가 되는 것은 결코 지혜롭지 않은 행동의 결과다. 한때 빈털터리가 되었던 사람이 종국에는 다시 큰 부를 누리게 된다고 해도 그의 가정 생활이나 마음은 이미 예전만큼 행복하지 않을 가능성이 높다. 불필요한 실패를 겪고 다시 일어서기 위해 가족과 자기 자신에게 할애해야 할 시간까지 모두 사업에 쏟아 부어버렸기 때문이다. 그래서 워런 버핏은 되도록 적게 실패하는 것이 여러 번 성공하는 것보다 중요하다고 강조했다.

워런 버핏의 지혜는 그의 삶으로부터 나온다. 소박한 생활의 지혜가 있기에 그의 투자는 늘 순조로울 수 있는 것이다. 나는 워런 버핏과 점심 식사를 했던 사람들의 이야기를 전해 들으며 많은 깨달음을 얻었다. 사실 워런 버핏의 이야기는 대부분 처음 듣는 내용이 아니다. 하지만 우리는 알면서도 막상 상황에 부딪히면 까맣게 잊는 경우가 많다. 사람과 사람 사이의 격차는 지적 능력이나 지식의 차이 때문이 아니라 지혜의 차이로 생긴다. 그리고 이러한 지혜의 핵심은 실천에 있다.

마지막으로 워런 버핏의 지혜를 적용해 직장인들에게 투자에 관한 조언을 하자면, 직장인들은 주식에 투자할 수 있는 돈에 한계가 있고 설령 10년 연속 매년 2% 이상의 수익99%의 일반 투자자들이 도달하기 힘든 수치다을 얻는다고 해도 자산에는 큰 차이가 없을 것이다. 하지만 만약 이 시간을 자신의 커리어에 투자한다면 지금보다 훨씬 더 나은 사람이 될 수 있고 사회에 더 많은 공헌을 할 수 있다. 그리고 무엇보다 그렇게 함으로써 돈 몇 푼보다 훨씬 더 많은 것을 얻을 수 있을 것이다. 대부분의 사람들에게 가장 좋은 투자는 자신의 커리어와 사업에 대한 투자다. 그것이야말로 우리가 가장 잘 알고, 잘 하는 일이기 때문이다.

성장을

꿈꾸는

너에게

동양 최초의 경제학 논문
《화식열전》

한 국가의 역사가 얼마나 오래 되었는가는 크게 중요하지 않다. 정말 중요한 것은 세계 역사에 어떤 공헌을 했느냐다. 비록 중국 문명이 메소포타미아나 이집트 문명보다 늦게 탄생했지만 중국의 조상들은 세상에 많은 지혜를 남겼다. 고대 중국의 여러 발명품과 기술력은 말할 것도 없고 2000여 년 전에 벌써 비즈니스 이론에 관해 체계적으로 서술한 책이 있었다. 바로 사마천의 《사기-화식열전》이다. 제목을 쉽게 풀이해보면 '사업을 하는 이야기'라는 의미로, 상업의 특징과 그 속에 드러나는 인간의 본성까지 자세히 나와 있다. 《화식열전》은 역사 속 유명한 이야기나 사건을 다룬 책이 아니라 사람들의 큰 주목을 받지는 못했지만 나는 이 책이야말로 사마천의 모든 지혜가 담겼다고 생각한다.

사마천은 도입부에서 사람은 물질적 즐거움과 정신적 즐거움을 모두 즐기고 싶어 하는 천성이 있다고 말했다. 가장 좋은 통치는 국민들이 마음으로 따르게 하는 것이고, 그 다음은 이익을 이용하여 이끄는 것이며, 그 다음은 가르쳐 깨우치도록 하는 것이고, 그 다음은 형벌로 다스리는 것이다. 그리고 최악의 통치는 국민과 적이 되어 다투는 것이다. 이것은 정치뿐만 아니라 교육부터 경영에 이르기까지 보편적으로 적용될 수 있다.

　교육을 예로 들면 가장 좋은 교육은 교육을 받는 사람들 스스로 자신의 특기와 잠재력을 발휘하도록 하는 것이다. 오늘날의 하버드대학교와 스탠퍼드대학교의 교육 방식이 그렇다. 그 다음으로 좋은 교육은 이익으로 학생들을 격려하는 것이다. 장학금은 바로 이러한 목적으로 있는 것이다. 그 다음은 주입식 교육으로 학생들을 애써 교화시키려 하는 것이다. 그 다음으로는 매일 매 시각 아이들을 밀착 관리하는 것이다. 이런 아이들은 겉으로 봐서는 교육자의 뜻대로 철저히 관리되는 것처럼 보이지만 그들의 속마음은 전혀 그렇지 않다. 물론 최악의 교육은 교육자와 학생이 서로 대립하는 것이다.

　같은 내용을 회사 경영에도 적용할 수 있고 자신이 일하고 있는 조직에도 적용해볼 수 있다. 나는 정치인을 대상으로 강연을 할 때면 이 이야기를 빼놓지 않고 꼭 한다. 가장 좋은 정부란 상업을 개방해놓고 일부러 개입하지 않으며 상인들이 시장의 논리에 따라 일을 할 수 있는 환경을 만들어 주는 것이다. 실리콘밸리의 성공 요인은 정부의 관리 없이 상업을 오로지 상업 그 자체에 맡겨놓은 것이었다. 그 다음 좋은 정부는 우대 정책으로 산업을 육성하는 것이다. 이런 정책의 취지는 좋지만 만약 기업을 이끄는 리더의 생각과 시장의 규율이 서로 어긋나면 잘못된 길로 접어들 수 있다. 그 다음으로는 정부 지도자가 모든 일을 보고 받고 직접 어떻게 해야 할지를 지시하는 것이다. 다시 말해 수시로 업무 시찰을 하며 '교화'하려고 하는 것이다. 그 다음으로는 기업가들을 불러 훈계하거나 직접 경영에 간섭하는 것이다. 하지만 이것이 최악이라고는 말할 수 없다. 최악의 정부는 직접 뛰어들어 회사를 경영하고 국민들과 이익을 다투는 것이다.

《화식열전》에는 다음과 같은 내용도 나온다. 물이 깊으면 물고기들이 모여 살고, 산이 깊으면 짐승들이 뛰어놀며, 사람이 돈이 있으면 인의가 따른다. 부유한 사람이 권세를 얻으면 저절로 세상에 이름이 드러나지만 권세를 잃으면 모두 사라지고 만다. 이렇듯 사람들은 왁자지껄 이익을 따라 몰려들었다가 허둥지둥 이익을 따라 떠나버린다. 오늘날 사람들이 바쁘게 사는 이유도 바로 이 '이익' 때문이다. 사마천은 이익을 좇는 사람들의 본성을 깊이 이해하고 있었고 사람들이 바쁘게 움직이는 모습을 표현한 '희희양양熙熙攘攘'이라는 고사도 바로 여기에서 나오게 되었다.

현대 경제학은 '이성적이고 상업적인 인간'이라는 토대 위에 세워졌다. 다시 말해 사람은 누구나 계산을 할 줄 알고 경제적 이익을 얻기 위해 분투한다는 것이다. 이러한 원리를 사마천은 2000년 전에 이미 간파하고 있었다. 하지만 안타깝게도 정부 관료든 기업가든 여전히 이러한 이치를 깨닫지 못하는 사람들이 많다. 그들은 말에게 풀을 먹이지도 않고 그저 빨리 달렸으면 하는 모순된 환상을 품고 있다. 이런 환경에서는 서로가 서로를 신뢰하지 못해 경계하며, 일의 비용을 높이고 사회에 부정적인 영향만 준다.

사마천은 긴 글의 마지막에 자신의 두 가지 관점을 덧붙였다. 첫 번째는 농사를 짓거나 기름이나 술을 파는 영세 사업도 경영을 잘하면 크게 성공할 수 있다는 것이다. 창업자들 중에는 새롭고 신선한 개념만 추구하느라 정작 인간의 가장 기본적인 요구는 소홀히 생각하는 사람들이 있는데 이렇게 해서는 성공하기 힘들다. 두 번째는 아무리 돈이 많은 사람도 핵심이 되는 업무가 없으면 사업을 오래 지속할 수 없다며 사업을 할 때 핵심 업무를 선택하는 것이 얼마나 중요한지를 설명했다. 또 상업이란 원래 적자생존이라 능력이 있는 사람은 많은 자원들을 끌어 모을 수 있지만 능력이 없으면 사업은 결국 와해될 것이라고 덧붙였다.

《화식열전》의 내용은 여기에서 소개한 것보다 훨씬 더 많다. 이 책에서는 더 이상 언급하지 않겠지만 가능하다면 한번쯤 찾아서 꼭 읽어보기를 바란다. 고문이 어렵게 느껴진다면 쉽게 풀이되어 있는 책을 찾아서 읽어도 좋다. 이 책은 비즈니스에 종사하는 기업가뿐만 아니라 새로운 사업을 시작하려는 창업자나 일반 직장인들에게도 유익하고, 사람의 본성을 이해하고 다른 사람과의 관계를 유지하는 데도 많은 도움이 될 것이다.

영업 고수의
비밀

2016년 중국에서는 '모바이크'라는 새로운 이동 수단이 큰 인기를 끌었다. 모바이크는 2016년에 10억 달러 이상의 가치를 인정받으며 1억 달러를 투자받는 데 성공했다. 이 회사는 단숨에 중국의 유니콘 기업이 되었을 뿐만 아니라 현대 도시인들에게 이동 수단에 대한 새로운 인식을 심어주었다. 모바이크는 단순히 운이 좋아서 성공한 기업이 아니다. 모바이크의 성공에는 여러 가지 요인이 있는데 그중 가장 중요한 요인은 창업자 왕샤오펑의 비즈니스에 대한 깊은 이해 덕분이라고 할 수 있다.

왕샤오펑과 나는 꽤 오랜 시간 알고 지낸 사이다. 예전에 구글과 텐센트에서 함께 일한 적이 있으니 옛 동료이자 친구라고 할 수 있다. 왕샤오펑은 처음에 P&G의 영업 사원이었다. 그는 말단 영업 사원으로 시작해 이내 지역 총괄 매니저가 되었고, 이후 구글에서 중국 화둥 지역 판매를 담당했다. 그는 구글을 떠난 뒤에 텐센트와 우버 등에서 중국 지역 책임자로 일하다가 우버가 한창 급성장하고 있는 시기에 회사를 떠나 모바이크를 창립했다. 우리는 오랜 시간 교류하면서 모바이크의 제품 설계와 비즈니스 모델, 시장 전략 등을 함께 논의했었다. 이 과정에서 나는 왕샤오펑이 판매의 본질과 사용자들의 심리를 얼마나 잘 이해하고 있는지 알 수 있었다. 중국에서 왕샤오펑 정도의 능력을 가진 사람은 열 손가락 안에 꼽을 정도로 드물다. 나 역시 그와 교류하면서 판매와 소비자에 대한 인식을 한층 더 높일 수 있었다.

(1) 판매의 본질은 돈을 회수하는 것이다

왕샤오펑은 텐센트에 오자마자 영업 사원들에게 '판매'가 무엇인지에 대해 물었다. 그곳에 모인 사람들은 모두 판매를 하고 있고 매일 무언가를 구매하는 소비자의 입장이기도 했지만, 이 질문에 한두 마디로 명확히 답을 할 수 있는 사람은 없었다. 직원들이 중구난방 저마다의 의견을 이야기하자 왕샤오펑이 마지막에 이렇게 정리하며 말했다.

"판매란 물건을 파는 행위죠."

그제야 사람들은 "그렇지!"하며 고개를 끄덕였다. 왕샤오펑이 이어서 말했다.

"물건을 파는 것은 판매라는 행위의 절반만 완성한 것입니다. 나머지 아주 중요한 절반이 남았는데요, 그것은 바로 돈을 회수하는 것입니다. 이 부분을 완성하지 못하면 물건을 팔아도 아무 의미가 없습니다."

이쯤에서 뭐 그런 당연한 이야기를 하느냐고 생각하는 사람도 있을 것이다. 물건을 팔았으면 돈을 받는 것이 당연한 것 아닌가! 이론적으로 이야기하자면 물론 그렇다. 물건을 판 대금은 거래가 완성된 순간 입금이 되어야 한다. 그러나 모든 나라의 사정이 다 그런 것은 아니다. 실제 비즈니스를 하다 보면 연쇄 채무가 아주 흔한 일이어서 돈을 회수하는 비용도 만만치 않다. 특히 중국에서는 대부분의 회사에서 판매 대금의 90%만 회수해도 대단한 것으로 간주한다. 월마트에 납품하는 중국 기업들은 가격에 대한 압박이 있기는 하지만 그럼에도 불구하고 거래를 하고 싶어 한다. 판매 대금 회수 비용이 적기 때문이다.

돈 회수의 중요성을 잘 이해하지 못하는 사람은 사업을 하면 분명 실패한다. 어떤 사람들은 판촉을 위해 대금 회수를 신경 쓰고 있지 않다가 나중에 대금이 계속 연체되면 그때부터 초조해지기 시작한다. 이런 경우가 생각보다 많다.

미국에서도 판매 대금 회수가 지연되는 경우가 종종 있다. 그래서 대금이 지연될 경우 엄청난 이자를 부과하고, 선금을 납부하면 가격 혜택을 주기도 한다. 또 전체 금액의 5%가량을 대금 회수 비용으로 책정해놓고 선금을 납부하거나 제때 대금을 회수하면 이 비용은 면제해주기도 한다.

물건을 파는 것이 수단이고 돈을 회수하는 것이 판매의 최종
목적이라면 영업 방식도 수단과 목적이 바뀌어야 한다. 왕샤오펑
은 영업 사원들에게 이 점을 주지시키고자 했다.

(2) 구매한 물건을 모두 사용하게 하라

왕샤오펑이 텐센트에 오기 전 회사는 광고 상품 판매에 어려움
을 겪고 있었다. 이상하게 광고주를 대상으로 판촉 활동을 하고
나면 오히려 광고 상품 판매가 부진해졌다. 당시의 판촉 활동이
장기적인 판매 수익이나 시장점유율을 높이는 데 전혀 도움이 되
지 않았던 것이다. 인터넷 광고의 판매 방법은 기존 매체와 완전
히 달랐는데 보통 광고주들에게 일정 금액을 충전하도록 한 다
음 충전한 금액만큼 플랫폼에서 광고를 할 수 있게 하는 방식이
었다. 대부분의 영업 사원이 일정 금액을 충전하면 보너스를 주는
식으로 영업을 했고, 충전한 돈이 들어오면 자신의 임무는 끝났
다고 생각했다. 이것이 문제였다. 예를 들어 1000위안을 충전하면
500위안을 더 넣어주는 식으로 광고 비용을 충전했다고 하자. 이
런 방식은 단기적인 수익은 얻을 수 있지만 장기적인 영업 이익에는
전혀 도움이 되지 않는다. 이유는 간단하다. 고객은 충전한 돈을
다 사용하기 전에 다시 충전을 할 이유가 전혀 없기 때문이다. 얼

마 전 한 온라인 차량 예약 사이트에서 1만 위안을 충전하면 1만 위안을 보너스로 주는 대대적인 판촉 활동을 한 적이 있다. 이때 실제로 판매한 양은 굉장히 많았지만 시장점유율이 크게 달라지지는 않았던 것도 바로 이러한 이유에서다. 현재 회원제로 광고를 판매하는 회사들이 이런 문제로 고민하고 있지만 여전히 해결 방법을 찾지 못하고 있다.

왕샤오펑은 이러한 영업 방식에 대해 문제를 제기했다. 그는 어떤 사업이든 오래 지속하고 싶다면 고객이 구매한 물건을 모두 사용하게 만들어야 한다고 강조했다. 그렇지 않으면 두 번째, 세 번째 구매로 이어질 수가 없기 때문이다. 이후 왕샤오펑이 이끄는 영업팀에서는 판촉 활동을 할 때 충전을 독려하는 방법뿐만 아니라 고객들이 충전한 돈을 하루 빨리 사용해 두 번째, 세 번째 충전으로 이어질 수 있게 하는 방법도 함께 연구했다. 왕샤오펑은 내가 텐센트에서 일하는 동안 광고 판매액을 6배나 늘려놓았다. 역시 영업 고수라는 명성은 괜히 생겨난 것이 아니었다.

왕샤오펑의 영업 방식을 회사 경영에 적용해보자. 당신이 회사의 리더라면 직원들을 장려할 때 한 번의 충전에 그치는 것이 아니라 어떻게든 그들이 누리고 있는 정신적, 물질적 혜택을 소모하도록 해 끊임없이 노력하게 만들어야 한다. 예를 들면 구글에서는 승진

할 때 엄청난 포상을 주는 대신 이전의 공로는 모두 백지 상태로 돌아간다. 그래서 다음 승진의 근거는 지금까지 쌓아온 모든 공로가 아니라 지난 번 승진 이후에 쌓은 공로가 된다. 이렇게 하면 운이 좋아 성공한 제품을 하나 만들고 더 이상 노력하지 않으려는 직원들의 나태함을 방지할 수 있다.

(3) 제품과 서비스는 소비자의 체면을 세워줘야 한다

우리가 어떤 제품을 구매하는 이유는 그 제품이 나에게 유용하기 때문이다. 1차 산업혁명 이후 전 세계적으로 공급이 수요보다 많아지는 추세가 되면서 제품을 제조하는 사람들은 어떻게든 더 유용한 제품을 만들기 위해 고군분투했다. 그래야 소비자들이 새로운 용도를 보고 제품을 구매할 테니 말이다. 예를 들어 스마트폰에 새로운 기능이 탑재되면 소비자들은 새로운 기능을 사용해보기 위해 휴대폰을 바꾼다. 그런데 기능이 비슷한 휴대폰이 여러 종류 있다면 사람들은 그중에서 어떤 것을 고를까? 어떤 사람은 가성비를 보고, 또 어떤 사람은 성능이나 편리성을 볼 것이다. 그러나 왕샤오펑은 이런 기준은 부차적인 것들이고 가장 중요한 것은 사용자의 체면이라고 말한다. 솔직히 아이폰의 성능이 안드로이드폰보다 월등히 좋다고 말하기 힘들다. 게다가 아이폰은 일반 안드로이드폰보다 50%가량 비싸고, 부품도 몇 배나 더 비싸다. 그럼에도 불구하고 형편이 좋지 않은 사람들조차 휴대폰은 아이폰을 쓰고 싶어 한다. 사실 그 이유는 아이폰을 사용하면 체면이 서기 때문이다. 아이폰은 한 번에 한두 개 정도의 모델만 출시하기 때문에 연예인이든 유명 인사든 학생이든 누구나 똑같은 휴대폰을 사용할 수 있게 된다. 그런데 만약 애플에서 소비자들의 지불 능력을 고려해 가격대가 다른 모델을 다섯 가지 정도 출시한다면 어떻게 될까? 가장 고급 모델은 비싸서 구입하지 못하고, 가장 저렴한 모델을 구입하자니 체면이 서지 않아 아이폰을 통해 자신감을 얻으려는 소비자들의 혼란만 가중시킬 것이다. 애플 역사상 판매량이 가장 저조했던 모델은 아이폰5C였는데 다른 모델에 비해 상대적으로 가격이 저렴한 것이 특징이었다. 이렇게 가격을 낮춘 이유는 저소득층도 아이폰을 사용할 수 있도록 하기 위한 것이었는데 소비자들은 오히려 이 모델을 꺼려했다. 애플에서 모델명에 C를 붙이게 된 이유는 여러 가지였지만 사람들은 C가 사실은 Cheap의 약자라고 농담으로 이야기했다. 아이폰5C와 같은 사례가 비단 휴대폰 시장에만 있는 것은 아니다. 벤츠에서도 중산층이 부담 없이 탈 수 있도록 가격대가 상대적으로 낮은 C클래스를 출시했는데 미국의 판매량을 보면 가장 비싼 S클래스보다도 판매량이 낮다. C클래스를 타면 '좋은 차는 타고 싶지만 돈이 없는 사람'이라는 인식 때문에 벤츠를 타고도 오히려 체면이 서지 않기 때문이다. 그래서 C클래스를 구매할 수 있는 경제적 능력이 되는 사람들은 차라리 비슷한 가격대의 다른 브랜드 상위 모델을 더 선호하기도 한다.

다시 모바이크의 이야기로 돌아와 보자. 왕샤오펑은 직장인들이 자전거를 타고 다니게끔 하려면 먼저 그들의 체면을 세워줘야 한다고 생각했다. 그는 자전거 대여 서비스를 시작하기 전에 여러 차례 조사와 연구를 진행했는데 그 과정에서 학교 밖에서 자전거를 타는 사람은 딱 세 부류라는 사실을 알게 되었다. 하나는 취미 생활로 고가의 전문가용 자전거를 타고 다니는 사람들이었고, 나머지 둘은 블루칼라 직종의 사람들과 노인들이었다. 학교를 졸업하고 직장을 다니면서 여전히 자전거를 타고 다니는 젊은이가 어느 날 차를 몰고 다니는 직장 동료를 만나면 기분이 어떨까? 괜히 창피하고 화가 날 것이다.

그래서 모바이크는 대여할 자전거의 디자인에 특별히 신경을 썼다. 어떤 사람들은 디디나 우버처럼 공유 경제의 개념으로 자신이 갖고 있는 자전거를 서로 공유하는 방식으로 사업을 하면 어떻겠냐고 의견을 내기도 했다. 그러나 왕샤오펑은 만약 대학을 졸업했는데도 여전히 촌스럽고 낡은 자전거를 타고 다닌다면 누구든 체면이 서지 않을 것이고 그런 사업은 분명 실패할 것이라고 생각했다. 그래서 모바이크에서는 돈이 많이 들더라도 차라리 자전거를 새로 만들기로 결정했다 현재까지 베이징과 상하이에 십만 대 이상의 자전거가 보급되었고 자전거를 만들기 위해 수억 위안이 들었다고 한다.

그밖에도 모바이크는 소비자들의 체면을 세워주기 위해 자전거 사용 구간을 '집에서 지하철역까지' 또는 '회사에서 편의점까지' 등으로 짧게 설계했다. 이처럼 '누구나 이용하는 세련된 단거리 이동 수단'이라는 이미지를 만들어 놓으니 차가 없어 10킬로미터를 자전거로 출퇴근하는 사람도 체면 깎일 걱정 없이 마음 놓고 이용할 수 있게 되었다.

물론 모바이크가 성공한 이유는 그밖에도 여러 가지가 있지만 그중에서도 체면은 굉장히 중요한 요소였다. 소비자의 체면까지 생각해주는 사업은 반드시 성공한다. 이것이 그의 마지막 영업 비밀이다.

PART 3

인생과
식견

7장

인생을 바꾸는 사소한 습관

"사람은 본능적으로 빼기보다는 더하기를 좋아하
고, 잃는 것보다 얻는 것을 좋아한다. 하지만 우리 인생
은 조금 잃고 덜어냄으로써 더 큰 행복을 느낄 수 있
다. 물론 빼기는 본능에 위배되는 일이기 때문에 많은
사람들이 실천하지 못한다. 그러나 그럴수록 이를 실
천할 수 있는 사람에게는 더 많은 기회가 찾아온다."

수박과
참깨

비즈니스 스쿨 강의를 할 때 학생들에게 자주 들려주는 이야기가 있다.

한 마을에 왕씨 아주머니가 살고 있었다. 왕씨 아주머니에게는 딸이 셋 있었는데 아주머니는 첫째 딸이 중학교를 졸업하자마자 외지로 보내 돈을 벌게 했다. 첫째 딸은 공장에 취직해 한 달에 2000위안 조금 넘는 돈을 월급으로 받았고, 자신이 번 돈의 대부분을 엄마에게 보냈다. 딸이 보내주는 돈이 만족스러웠던 아주머니는 둘째 딸도 중학교를 졸업하자마자 일을 하게 했다. 그렇게 해서 왕씨 아주머니는 또 하나의 수입원을 얻게 되었다. 하지만 딸들이 보내주는 생활비로도 생활은 여전히 고달팠고 앞날은 막막하기만 했다.

왕씨 아주머니는 딸이 열 명 있으면 수입이 열 군데나 생기니 좋겠다고 생각했다. 하지만 고령의 나이에 더 이상 아이를 낳을 수도 없었고 설령 낳을 수 있다고 해도 낳는 데 한계가 있었다. 이런 생각 때문에 아주머니는 계속 가난할 수밖에 없었다. 그러나 왕씨 아주머니의 딸이 일하는 회사의 사장은 달랐다. 그는 여직원 한 명을 고용해서 20%의 잉여 가치를 남겼는데 왕씨 아주머니의 딸

같은 직원이 수만 명이나 되었고 2017년 그의 재산은 480억 위안에 이르렀다. 왕씨 아주머니의 사고방식으로는 그런 부자가 될 수 없을 뿐만 아니라 자신이 왜 계속 가난한지조차 알 수 없었다. 다행히 아주머니의 큰딸이 몇 년 동안 일하면서 세상 물정에 눈을 뜨게 되었고 한 달에 2000위안으로는 가난을 면하기 힘들다는 것을 깨달았다. 큰딸은 엄마에게 막내 동생만은 공부를 계속해 운명을 바꿀 수 있게 도와줘야 한다고 말했다. 왕씨 아주머니는 큰딸의 말에 따라 막내딸은 중학교 졸업 후에도 공부를 계속 시켰고 전문대학에도 보냈다. 덕분에 막내딸은 자신만의 기술을 갖게 되어 언니들처럼 육체 노동에만 의존하지 않을 수 있었다. 물론 막내가 그 사장처럼 크게 성공하리라는 보장은 없지만 어쨌든 언니들보다 훨씬 더 좋은 출발선에 서 있는 것은 확실하다.

중국인들은 이런 상황을 수박과 참깨에 비유한다. 그 사장이 수박이라면 왕씨 아주머니는 참깨다. 수박 하나의 무게는 참깨의 2만 배도 넘는다. 그래서 참깨를 아무리 열심히 주워 담아도 수박의 무게를 따라가기는 힘들다. 이러한 이치를 모르는 사람이 어디 있냐고 말하고 싶은 사람도 있을 것이다. 하지만 안타깝게도 진정한 이치를 깨닫지 못한 사람들이 훨씬 더 많다. 다음은 우리가 일상 속에서 무의식적으로 하는 참깨를 줍는 행위들이다.

- 공짜 물건을 얻기 위해 치열한 경쟁을 벌인다.

- 교통비를 아끼기 위해 10분 이상 걷는다.

- 포인트를 받기 위해 하루 종일 메신저만 쳐다보고 있다.

- 부수입을 얻기 위해 출근해서 몰래 다른 일을 한다.

- 블랙 프라이데이에 쇼핑을 하기 위해 밤을 새운다.

- 몇 푼 더 할인 받으려고 두세 시간씩 인터넷 서핑을 하거나 여러 가게를 찾아다닌다.

  이런 사람들은 시간을 비효율적으로 쓰는 것만이 문제가 아니다. 더 큰 문제는 이들이 추구하는 수준이 매우 낮다는 것이다. 사람은 일단 추구하는 수준이 낮아지면 다시 높은 수준으로 올라가기가 매우 어렵다. 수입이 적은 사람만 참깨만큼 작은 일에 연연하는 것은 아니다. 경제 수준이 높은 사람들도 예외는 아니다.

  일을 할 때도 참깨를 줍느라 수박을 놓치는 사람들이 많다. 단순하고 반복적이며 가치가 낮은 일만 골라서 하는 사람들이 그렇다. 대개 이런 일들은 머리를 많이 쓰지 않아도 되고 비교적 쉽기 때문이다. 그러나 이런 일에 익숙해지면 정말로 창의력을 요구하는 일은 하지 못하게 된다. 이는 개인에게만 해당하는 이야기가 아니라 회사와 기업도 마찬가지다. 인터넷 업계에서 가장 찬란한 역사를 자랑하던 야후는 세계 1위 인터넷 기업에서 10년 만에 매각 절차를 밟게 되었다. 야후의 몰락은 구글, 페이스북 같은 거대 인터넷 기업들의 급부상 때문이라고 볼 수도 있지만 사실 참깨를 줍는 데만 급급했던 탓이 더 크다. 야후는 굉장히 다양한 인터넷 서비스를 개발했는데 사용자들이 서비스를 이용하려면 일일이 검색해서 주소를 찾아야 했다. 문제는 서비스의 종류는 매우 다양했지만 그중 어느 것 하나도 크게 성공하지 못했다는 것이다. 대부분의 서비스가 사용자 수와 수익 창출 면에서 한계를 드러냈고 기업에 대한 공헌이 참깨처럼 미미했다. 그래서 모든 서비스 수익을 합쳐도 결국 구글에서 제공하는 서비스 하나보다도 못했다.

반대로 애플에서 생산하는 제품은 손가락으로 꼽을 수 있을 만큼 단순하다. 하지만 애플은 세계에서 가장 많은 돈을 벌어들이는 회사 중 하나다. 제품 하나하나가 모두 수박이기 때문이다. 수박을 줍는 사람들의 사고방식은 참깨를 줍는 사람들과 완전히 다르다. 그들은 절대 사소한 이익에 동요하지 않고 더 멀리 볼 줄 안다. 스티브 잡스가 애플에 돌아왔을 때 그는 회사에서 진행 중인 프로젝트 중 참깨가 너무 많다는 것을 발견하고 이에 해당하는 것들을 과감히 정리했다. 그는 정말로 중요한 몇 가지 제품만 남겨 놓고 그것들을 수박으로 만들어 경영난에 시달리던 애플을

구했다.

자신의 눈에는 수박이 보이지 않는다고 말하는 사람도 있다. 하지만 보이지 않는 것이 아니라 시선이 온통 참깨에만 집중되어 있으니 보지 못하는 것뿐이다. 이런 사람들은 눈에 쉽게 보이는 참깨를 줍느라 수박을 주울 수 있는 기회를 모두 놓쳐버린다. 수박을 줍기 위해서는 남다른 안목과 사고방식 외에도 특별한 능력이 필요하다. 수박은 운으로 얻어지는 것이 아니라 오랫동안 갈고 닦은 재능으로 얻어지는 것이다. 그러니 우리도 직장에서 참깨만 한 작은 이익에 연연할 것이 아니라 수박을 줍는 능력을 키워 자신을 돋보이게 만들어야 한다. 일반적으로 사람의 능력이 한 단계 격상되면 영향력, 기여도, 직책 등이 함께 높아지므로 수입에 관해서는 걱정하지 않아도 된다.

물론 세상에는 수박을 줍는 사람보다 참깨를 줍는 사람이 훨씬 많으므로 만약 수박을 줍기로 결심했다면 고독함도 감수해야 한다. 혹여나 이 비밀이 새어 나갈까 봐 걱정할 필요는 없다. 어차피 사람들은 참깨를 보면 몰려갈 테니 말이다. 그렇게 수박은 지혜로운 사람들을 위해 언제나 남아 있을 것이다.

빼기의
미학

장자는 중국의 사상가 중 전례 없이 특별한 인물이다. 그는 무한한 상상력과 낭만적인 색채로 자신의 철학적 사상을 누구나 쉽게 이해할 수 있게 표현했다. 그의 사상을 담은 《장자》는 흥미롭고 지혜가 충만한 책이다. 그래서 나는 대학생들에게 이 책을 꼭 한번 읽어보라고 추천한다. 장자의 지혜는 나의 사상에 영향을 미쳤을 뿐만 아니라 행동의 좋은 지침이 되기도 한다. 인생의 '빼기'도 《장자》에서 배운 지혜 중 하나다.

대학생 때 《장자》의 <양생주>를 처음 읽고 감탄하지 않을 수 없었다. 나는 장자가 그렇게 일찍이 '유한함', '무한함', '영원함'과 같은 고차원적인 개념을 꿰뚫어봤다는 것에 감탄했다. 장자는 시간은 유한하기 때문에 모든 일을 다 할 수 없고, 버리고 포기하는 것이 필요하다고 말한다.

많은 사람들이 내게 메일을 보내 시간 관리를 어떻게 하는지, 어떻게 하면 동시에 여러 가지 일을 할 수 있는지 묻곤 한다. 나는 시간을 잘 관리하는 편이지만 그렇다고 동시에 많은 일을 하지는 못한다. 내가 일을 잘하는 비결이것이 비결에 속한다면은 사람들이 생각하는 것과는 달리 일을 적게 하거나 아예 하지 않는 것이다. 내가 이렇게 대답하면 사람들은 매일 할 일이 정말 많고 그날 반드시 끝내야 하는 일들이 있는데 어떻게 아무 일도 하지 않냐고 되묻는다. 나는 그들에게 이렇게 말한다.

"그건 당신이 고정관념에 사로잡혀 있기 때문입니다. 당신이 말한 그 일들을 당장 하지 않으면 하늘이 무너지기라도 합니까?"

만약 내게 다른 사람보다 나은 점이 두 가지 있다면 첫 번째는 고정관념에 사로잡히지 않고 여러 각도에서 일의 중요성을 판단할 수 있다는 것이고, 두 번째는 과감히 포기할 줄 안다는 것이다. 이 두 가지 모두 《장자》를 읽고 깨달은 것이다.

우리는 종종 한 가지 사고방식에 사로잡혀 헤어 나오지 못할 때가 있다. 항상 습관적으로 늦는 사람들이 있다. 그들의 핑계는 매번 다르다. 오늘은 집에서 나오는데 어머니께 갑자기 전화가 와서 통화를 하느라 늦었고, 어제는 지하철역에서 우연히 학교 동창을 만났는데 그 친구가 잠깐 이야기를 나누고 싶어 하는 것 같아서 이야기를 나누다가 늦었고, 또 그저께는 모임에 참석하려고 일찍 퇴근해서 약속 장소에 갔는데 너무 일찍 도착한 것 같아서 화장품을 사는데 계산 줄이 너무 길어서 결국 늦었다는 식이다. 안타깝게도 이런 사람들의 지각하는 습관은 고치기 힘들다. 대개 이런 사람들은 한 가지 사고 패턴을 갖고 있기 때문에 당장 눈앞에 닥친 일들을 모두 해야 한다. 그 일을 하지 않으면 예의가 없거나, 체면이 서지 않거나, 손해를 본다고 생각하는 것이다. 하지만 사실 그 일들을 하지 않는다고 큰일이 나는 건 아니다.

사람들이 내게 어떻게 하면 하루에 더 많은 시간을 일할 수 있는지 혹은 어떻게 하면 더 많은 시간을 확보할 수 있는지 물을 때면 이렇게 대답한다.

"당신은 지금도 충분히 많은 시간을 일하고 있기 때문에 더 이상 시간을 확보하는 건 어려워요. 당신이 해야 할 일은 기존의 사고방식에서 벗어나 일을 줄여나가는 겁니다. 가만히 생각해보면 우리가 하는 일 중에 꼭 하지 않아도 상관없는 일이 많아요. 이런 일들만 하지 않아도 매일 바쁘다는 생각이 들지 않을 겁니다."

만약 어떤 일이 잘 되지 않을 때는 더 많은 일을 하려고 하기 보다는 일을 덜 해야 한다. 나는 아랫사람에게 일을 시킬 때 그 사람이 감당하기에 조금이라도 벅찬 일이라면 절대 오랫동안 일하는 것을 강요하지 않는다. 그 일을 하려고 야근까지 한다면 괜한 압박에 마음이 급해져 제대로 하지 못하거나 대충 끝내 버릴 것이 분명하기 때문이다. 이럴 때 나는 지시한 업무를 다른 사람과 분담해서 하되 자신이 맡은 일은 제시간에 제대로 완성해야 한다고 말한다. 간혹 승진하고 싶은 마음이 앞선 직원들은 무슨 일을 시키든 '할 수 있다', '더 노력하겠다', '주말에도 나와서 하겠다'며 일을 도맡아 하려고 한다. 하지만 나는 절대 그렇게 놔두지 않는다. 만약 그가 여러 가지 일을 도맡아 하다가 하나도 제대로 끝내지 못하면 결국 회사의 수익은 0이 될 테니 말이다. 차라리 한 가지 일이라도 제대로 해서 1이라는 수익을 얻는 편이 훨씬 낫다.

일반적인 사고방식에서 벗어나기 위해서는 대범한 사고의 전환이 필요할 뿐만 아니라 많은 이익을 포기해야 할 때도 있다. 2014년 말 구글을 떠날 때 많은 사람들이 내게 물었다. 월급도 많이 주고 대우도 좋고 탄력적으로 일할 수 있는 좋은 직장을 왜 그만두냐고 말이다. 이에 나는 구글에서 일하는 시간이 너무 많아 책을 쓰는 등의 다른 일을 할 시간이 없다고 대답했다. 대답을 들은 사람들은 대부분 이렇게 말했다.

"다른 일을 할 시간이 없어도 일단 월급이 많은 일자리는 보전해야지. 다른 일이라는 건 여가 시간에 하면 되고 말이야. 여가 시간을 정 마련하지 못하면 일과 관련되지 않은 다른 일들은 포기하는 편이 낫지."

물론 맞는 말이다. 하지만 그들은 인생에 주어진 시간이 유한하다는 사실을 간과했다. 생명은 유한한 시간으로 구성되어 있지만 돈은 일정한 수준을 넘어가면 사실 그렇게 중요하지 않다. 이렇게 생각하면 내가 왜 높은 연봉을 포기하고 시간을 택했는지 이해할 수 있을 것이다.

삶이 유한하기 때문에 우리는 가능한 더 적은 일을 더 잘하기 위해 노력해야 한다. 낮은 수준의 일을 여러 가지 하면 두 배의 시간을 들였을 때 두 배의 수익을 얻지만 한 가지 일에 모든 시간을 집중해 남들보다 더 잘하게 되면 두 배의 시간을 투자하고 열 배 혹은 그 이상의 수익을 얻을 수 있다. 이것이 바로 앞에서도 이야기했던 참깨와 수박의 관계다.

사람뿐만 아니라 새롭게 창업한 회사도 마찬가지다. 대개 처음 회사를 창업하는 사람은 앞으로 펼쳐질 자신의 아름다운 미래를 묘사하며 이런 일도 할 것이고, 저런 일도 할 것이라며 자신 있게 말한다. 하지만 경험이 풍부한 투자자라면 그들에게 일을 줄이라고 조언한다. 앞에서도 말했듯이 창업을 할 때는 처음부터 너무 많은 일을 욕심내면 안 된다. 창업 초기에는 자원에 한계가 있기 때문에 대기업처럼 모든 일을 다 해결할 수 없기 때문이다. 새로 창업한 회사가 단기간 내에 어떤 분야에서 대기업을 따라 잡고 싶다면 모든 인력과 자원을 한 곳에만 집중시켜야 한다. 그래서 작은 회사일수록 일을 줄이는 노력이 필요하다.

2013년 실리콘밸리에 영상 식별 회사가 문을 열었다. 이 회사는 창업 초기에 원대한 계획과 앞으로 할 일에 대한 길고 긴 리스트를 갖고 있었다. 창업주가 우리에게 투자를 받으러 왔을 때, 회사의 기술력도 뛰어나고 창업주도 똑똑해 보여 투자를 하고 싶었지만 이 회사가 과연 한 가지 일에 전념할 수 있을지가 의심스러웠다. 그래서 이렇게 말했다.

"이렇게 많은 일을 다 하려고 하면 분명 실패하게 될 겁니다. 여기 있는 목록을 줄일 수 있는 데까지 최대한 줄여보세요. 그러면 우리도 투자를 하겠습니다."

얼마 후 그들은 목록을 세 가지로 줄여왔다. 내가 말했다.

"그래도 여전히 많은 것 같아요. 한 가지 일로 줄여봅시다. 정말로 이 일이 아니면 안 될 것 같다고 생각하는 일만 남겨보세요."

그들은 결국 목록을 한 가지로 줄였다.

"이것이 바로 여러분의 핵심 가치입니다. 이대로 해 봅시다."

우리는 그 회사에 투자했고 일 년 후 그들은 굉장히 많은 돈을 받고 아마존에 인수되었다. 그들이 애초에 하려고 했던 많은 일들은 아마존 같은 대형 기업에서 이미 다 하고 있는 일이었다. 그것도 훨씬 더 크고 다양하게 말이다. 그러니 만약 그때 그 일들을 다 하려고 했다면 정작 꼭 해야 할 일을 제대로 하지 못했을 것이다.

창업을 준비하는 많은 사람들이 나를 찾아와 자신의 원대한 계획을 설명하며 조언을 구하곤 한다. 그럴 때 내가 가장 많이 하는 조언은 빼기를 하라는 것이다. 배움에만 끝이 없는 것이 아니라 우리가 하는 일도 마찬가지다. 성공적인 인생을 사는 비결은 빼기에 있다. 그리고 빼기의 핵심은 일반적인 사고에서 벗어나 중요하지 않은 일을 가려내고 그것들을 과감하게 포기하는 데 있다.

천재와
보통 사람의 차이

나는 세상에 뛰어난 천재가 존재한다고 믿는다. 과거 구글에서 나와 함께 일했던 친구가 바로 그런 사람이었다. 그는 20대에 제 3차 세계퍼즐챔피언십에서 우승을, 제4차 세계퍼즐챔피언십에서는 준우승을 차지했으며 미국 팀의 주장이었다. 예전에 그 친구와 퍼즐 대회 문제를 같이 풀어본 적이 있는데 나는 한참을 고민해서 겨우 푼 문제를 그 친구는 두세 번 만에 쉽게 풀었다. 하지만 그는 구글에 오래 머무르지 못했다. 그가 엔지니어링보다는 퍼즐 문제를 푸는 데 더 관심이 많았기 때문이다.

지적 능력은 성공의 여러 요인 중 하나일 뿐 결정적인 요소는 아니다. 가장 똑똑한 사람이 가장 큰 성과를 내는 것 역시 아니다. 그러나 과학 분야에서 위대한 업적을 남긴 분들만큼은 분명 뛰어난 천재일 거라고 생각해왔다. 물론 이것은 결과로만 판단한 것이고 어쩌면 생존자의 편향이라고 볼 수도 있다. 나는 박사 졸업 후 운 좋게도 네 명의 노벨상 수상자와 깊이 교류할 기회가 있었다. 바로 노벨 경제학상 수상자 윌리엄 샤프, 물리학상을 수상한 아담 리스, 스티븐 추, 화학상을 수상한 브라이언 코빌카다. 이 장에서는 그들과 교류하며 느꼈던 점들을 공유하려고 한다.

윌리엄 샤프는 수익과 리스크를 계량화된 지표로 나타내는 샤프지수로 노벨상을 수상했다. 샤프의 투자에 관한 조언을 보면 그가 아주 지혜로운 사람이라는 걸 알 수 있지만 강의만으로는 그가 정말 뛰어난 천재에 속하는지 알 수 없다.

아담 리스는 우주의 가속 팽창을 발견한 공로로 노벨상을 수상하고, 스티븐 추는 레이저 냉각과 원자 포획 방법을 발명해 노벨상을 수상했다. 두 사람은 굉장히 영민해보였고 지적 능력도 나보다 월등히 높았지만 그들이 앞에서 이야기한 똑똑한 동료보다 뛰어난지는 판단하기 힘들었다.

브라이언 코빌카는 G-단백질 연결 수용체의 기본 성질과 구조를 설명한 공로로 노벨상을 수상했다. 그는 논리가 분명하고 말수가 적었으며 깊이 사고할 줄 아는 사람이었다. 코빌카는 스티븐 추나 샤프보다 학구적인 기질이 더 강했고 오랫동안 기초 과학 연구에 몰두해왔으며 그의 업적은 주로 오랜 노력을 통해 이룬 것들이었다.

어쩌면 이 네 명의 노벨상 수상자는 앞서 말한 동료보다 똑똑하지 않을지도 모른다. 하지만 그들이 이룬 업적은 비범하다. 그러므로 지적 능력과 업적이 정비례한다고 볼 수는 없다. 물론 과학 연구를 하기 위해서는 기본적으로 어느 정도의 지적 능력은 갖춰야 한다. 그러나 《아웃라이어》의 저자 말콤 글래드웰은 아이큐는 120만 넘으면 충분하고 120이 넘으면 아이큐는 더 이상 성과에 결정적인 역할을 하지 않는다고 말한다. 아이큐가 120이라는 건 어떤 개념일까? 대략 40~50%의 중국인들이 도달할 수 있는 수준이고, 다시 말하면 절반의 인류가 노벨상까지는 아니더라도 중대한 업적을 이룰 수 있는 충분한 지적 능력을 갖고 있다는 의미다. 하지만 현실은 그렇지 않다. 물론 아이큐가 120이 넘는 사람들이 모두 노력을 하지 않거나 교육 수준이 낮기 때문은 아니다.

그렇다면 왜 사람들은 충분한 지적 능력이 있고, 좋은 교육을 받고, 열심히 노력까지 하면서도 좋은 성과를 내지 못하는 것일까? 사람은 누구나 자신만의 천부적인 재능이 있다. 어떤 사람은 기억력이 특별히 좋고, 어떤 사람은 일반적인 잣대로 평가하기 힘들만큼 사고력이 풍부하기도 하다. 인류가 IQ, EQ 등의 여러 지표들을 발명해낸 것도 사람의 재능이 워낙 다양하기 때문이다. 그렇기 때문에 양적인 지표로 한 사람을 평가하는 것은 올바르지 않다. 사람의 재능은 타고나는 부분도 있고 살면서 환경에 의해 만들어지는 부분도 있다. 이러한 재능이 과연 저절로 주어지는 것인지, 스스로 개발해나가는 것인지에 대해서는 명확히 단정 지을 수 없다. 아인슈타인을 예로 들면 그의 뛰어난 천재성은 대학 입학 전까지는 전혀 드러나지 않았다. 반대로 학생 때는 줄곧 똑똑하다는 이야기를 듣다가 나중에는 그저 그런 평범한 사람이 되는 경우도 있다. 그렇다면 아인슈타인과 보통 사람의 가장 큰 차이는 무엇일까? 나는 다음과 같은 세 가지 차이가 있다고 생각한다.

첫째, 아인슈타인은 문제 제기를 좋아했다. 2년 전 저명한 물리학자인 장서우청 교수와 함께 칭화대학교와 스탠퍼드대학교가 과학 연구에 있어서 어떤 차이가 있는지 이야기를 나눴다. 장 교수는 가장 큰 차이가 문제 제기에 있다고 말했다. 스탠퍼드대학교의 과학자들은 현재 가장 중요한 문제가 무엇인지 정확히 찾아낸다고 한다. 반면 칭화대학교 교수들은 문제를 해결하는 능력은 뛰어나지만 연구 방향을 파악하는 데 있어서는 부족한 점이 많다. 아인슈타인뿐만 아니라 스티븐 추, 아담 리스, 브라이언 코빌카 등 노벨상 수상자들의 연구는 당초 사람들이 별로 관심을 갖지 않는 분야였다. 그들은 논문 발표나 연구비 신청 등의 실용적인 목적은 완전히 배제한 채 오로지 자신의 관심사에 따라 연구 주제를 선정했다.

둘째, 아인슈타인은 공상에 빠지기를 좋아했다. 다시 말해 그는 어떠한 제약도 받지 않은 상태에서 자유롭게 생각의 나래를 펼쳤고 그런 다음 서서히 생각들을 정리해나갔다. 하지만 많은 과학자들의 사고방식은 교육이나 주변 사람들의 생각에서 자유롭지 않다.

마지막으로 아인슈타인은 굉장히 끈기 있는 사람이었다. 그는 자신의 관점을 끝까지 고수했고 한 가지 문제의 답을 찾기 위해 평생을 바칠 수도 있는 사람이었다. 그는 통일장 이론의 가설에 대해 죽을 때까지 매달렸지만 이렇다 할 결론을 얻지 못했다. 그리고 이 이론은 60년이 지난 후에야 실증되었다 2017년 노벨 물리학상은 중력파 관측에 기여한 라이너 바이스, 배리 배리시, 킵 손에게 돌아갔다. 아인슈타인은 가장 빨리 논문을 발표할 수 있는 주제를 찾기보다는 오랜 시간을 들이더라도 문제를 근본적으로 해결하려는 사람이었다.

천재들은 분명 남들보다 특출난 부분이 있다. 그러나 천재와 보통 사람의 차이는 타고난 것이 아니라 인지, 식견, 용기 혹은 방법 등에서 두드러지게 나타난다. 그러니 우리가 할 수 있는 것은 그들의 방식을 보고 배우는 것이다.

성장을
꿈꾸는
너에게

마라톤을
완주하는 방법

최근 중국 부모들 사이에서 '아이를 출발선에서부터 뒤처지게 하지 마라'는 말이 유행처럼 떠돈다. 아니나 다를까. 요즘 아이들은 어릴 때부터 이것저것 배우며 바쁘게 살고 있다. 하지만 아무리 열심히 노력한다 해도 한 반에 50명의 학생이 있으면 누군가는 1등을 하고 누군가는 50등을 하기 마련이다. 더욱 중요한 건 출발선에서 뒤처졌다고 앞으로 계속 뒤처진다는 법은 없다. 공부는 100미터 달리기가 아니라 마라톤처럼 장기적이고 어쩌면 평생을 안고 가야 하는 숙제이기 때문이다.

'인생은 마라톤'이라는 말을 쉽게 이해하기 위해 한 가지 일화를 소개하고자 한다. 이 이야기는 20세기 초 미국에서 있었던 일이다. 1901년, 미국 중부 미주리 주에 위치한 인디펜던스고등학교의 졸업생 대표는 찰리 로스라는 학생이었다. 그는 교내 신문의 편집장으로 학교 안에서 꽤나 유명한 인물이었고 영어 교사인 브라운 선생님이 가장 아끼는 제자이기도 했다. 졸업식이 끝나고 브라운 선생님은 교단으로 올라와 찰리에게 키스를 해주며 우수한 성적으로 졸업하게 된 것을 축하했다.

찰리의 옆에는 키가 작고 왜소한 학생 한 명이 서 있었다. 이 학생을 우선 해리라고 부르도록 하자. 해리는 대대로 농사를 짓는 집안 출신에 투박한 외모를 가진 학생이었다. 그는 외모도 수수하고 특별한 매력도 없었는데 요즘 말로 하면 촌티가 많이 났다. 하지만 해리는 꽤 당돌한 학생이었다. 그는 브라운 선생님께 이렇게 물었다.

"왜 제게는 키스를 안 해주시는 거죠?"

브라운 선생님의 대답은 간단했다.

"키스를 받고 싶으면 너도 뭔가 훌륭한 일을 하고 오렴."

당시 옆에서 이 말을 듣던 찰리는 자신은 키스를 받았으니 앞으로도 반드시 훌륭한 일을 해야만 할 것 같았다고 한다. 하지만 그는 이러한 압박감을 동력으로 바꾸었다. 고등학교를 졸업하고 찰리는 미주리대학교에 입학했고 졸업 후에는 학교에 남아 학생들을 가르치며 새롭게 설립된 신문방송학과의 첫 교수가 되었다. 이후 그는 언론계에서 점차 두각을 드러내기 시작했고 특유의 근면함과 총명함으로 1932년에 퓰리처상을 수상했다. 그 후로도 십여 년간 언론계에서 찰리의 영향력은 계속 커졌고 그는 결코 나태해질 수 없었다. 1945년 찰리는 트루먼 대통령의 언론과 출판 사무를 담당하는 수석 비서가 되었다. 이는 아마도 언론 종사자로서 올라갈 수 있는 가장 높은 자리일 것이다.

찰리 로스의 경험에서 볼 수 있듯이 출발선에서 한참 앞서 있던 사람도 성공하기 위해서는 꾸준한 노력이 필요하다. 그런데 이야기는 여기에서 끝이 아니다. 이 이야기에는 또 한 명의 주인공이 있다. 바로 찰리 옆에서 선생님께 키스를 받지 못한 아이, 해리다. 과연 해리의 운명은 어떻게 되었을까? 이제 더 이상 뜸들이지 않고 그의 존재를 이야기하도록 하겠다. 그 촌스러운 학생의 이름은 해리 트루먼, 그는 미국의 제33대 대통령이다. 사실 1940년대 무렵부터 찰리 로스가 언론계에서 승승장구할 수 있었던 것도 트루먼의 도움이 컸다.

트루먼 도서관의 기록에 따르면 이야기는 이렇게 이어진다. 찰리 로스는 수석 비서에 임명되고 나서 트루먼 대통령에게 이렇게 말했다.

"브라운 선생님께서 이 사실을 아시면 정말 기뻐할 걸세!"

트루먼 대통령은 곧장 수화기를 들고 인디펜던스고등학교에 계신 브라운 선생님께 전화를 걸었다.

"브라운 선생님, 미국 대통령입니다. 이제 제게도 키스를 해주시겠습니까?"

브라운 선생님이 대답했다.

"물론이지, 어서 오렴."

찰리 로스와 달리 해리 트루먼은 출발선에서 한참 뒤처져 있었다. 그는 가정 형편이 좋지 않아 고등학교 졸업 후 대학에 진학하지 못했고 의지할 만한 인맥도, 기회도 없었다. 찰리가 언론계에서 두각을 드러내기 시작할 때까지도 트루먼은 생계 걱정을 하고 있었다. 그러나 길고 긴 마라톤의 최후 승자는 트루먼이었다.

트루먼의 성공은 인생의 출발선에서 얼마나 앞서 있느냐는 일생을 놓고 봤을 때 크게 중요하지 않다는 사실을 일깨워준다. 사실 출발선에서 한참 앞서 있다고 해도 끝까지 선두를 지킬 수 있는 것은 아니다. 스스로를 믿고 평정심을 유지하며 끝까지 달릴 때에만 가능한 일이다.

20년 전까지만 해도 '유리멘탈'과 같은 단어는 거의 존재하지 않았다. 그러나 최근에는 자주 듣는 단어 중 하나다. 오늘날 사람들의 마음은 아주 작은 상처도 견딜 수 없을 만큼 약해져 있는 것 같다. 특히 젊은 사람들이 그렇다. 유리멘탈은 어떻게 만들어지는 걸까? 유리멘탈은 다름 아닌 출발선의 중요성을 지나치게 강조하는 것에서부터 시작한다. 살다 보면 크고 작은 시련과 좌절을 겪기도 하는데 이때 부모와 교사가 올바른 방향으로 이끌어주고 인생은 길고 긴 마라톤과 같은 것이라는 사실을 일깨워준다면, 잠깐의 실수와 뒤처짐에 좌절하는 일은 없을 것이다. 그러나 출발선

이론을 맹신하는 사람들은 아이가 좌절을 겪었을 때 계속 압박하거나 아이 대신 모든 장애물을 없애주기도 한다.

내가 칭화대학교에 입학할 때 신입생이 200명 정도 있었는데 모두 각자가 다닌 고등학교에서 1등을 놓쳐본 적 없는 수재들이었다. 하지만 첫 중간고사 이후 성적에 따라 1등부터 꼴등까지 순위가 매겨졌다. 이런 상황에서 누가 강한 멘탈을 지녔고, 누가 유리멘탈을 지녔는지가 바로 드러났다. 전자의 경우 넘어져도 다시 털고 일어나 계속 전진했고, 후자의 경우 주변에서 아무리 도움을 주려고 해도 심리적인 그늘에서 빠져나오지 못했다. 후자의 문제는 지적 능력이나 지식이 남들보다 모자라서가 아니라 어려서 만들어진 유리멘탈 때문이다. 학교를 졸업하고 직장에 들어가면 모든 것이 다시 시작된다. 그리고 그때는 아무도 유리멘탈을 돌봐주고 책임져주지 않는다. 많은 사람들이 출발선에서 단 몇 미터라도 앞서 보려고 경쟁을 벌이고, 인생의 단거리 달리기에만 주력하고 있을 때 정말로 똑똑한 사람들은 절대 부서지지 않는 강한 멘탈을 갖기 위해 스스로를 단련시킨다. 강한 멘탈이 있으면 설령 넘어지더라도 다시 일어나 앞으로 달려 나갈 수 있다. 앞을 향해 달리면서 주변의 풍경도 감상할 수 있다면 더욱 좋다. 이런 사람들이야말로 결승선까지 꾸준히 달릴 수 있는 이들이다.

운에
관하여

내가 2003년 박사 과정을 졸업할 때 존스홉킨스대학교의 윌리엄 브로디 총장은 졸업식 연설에서 노력으로 운명을 극복해야 한다는 통상적인 이야기 대신 인생에서 운이 얼마나 중요한지, 우리가 좋은 운과 나쁜 운을 어떻게 받아들여야 하는지에 대해 일러줬다. 이 장에서는 그때 그 내용과 함께 지난 십수 년간 내가 깨달은 바를 이야기해보도록 하겠다.

인생을 살다 보면 운이 좋을 때도 있고 나쁠 때도 있다. 옛말에 '산 입에 거미줄 칠까'라고 하는 것도 바로 이러한 운의 원리를 이야기하는 것이다. 이백의 시구 '하늘이 나를 내어주셨으니 나는 반드시 쓸모가 있다'는 말도 비슷한 의미일 것이다. 나는 살다가 막막한 순간에 놓이면 이 시구를 떠올린다. 운이 좋지 않을 때는 무작정 노력하기보다는 잠시 멈추어 차분히 생각하고 인내심 있게 기다릴 줄도 알아야 한다.

구글 직원들에게 〈금융학101〉 강의를 해준 버튼 말키엘 교수는 '시간은 여러분의 친구이지만 시기는 그렇지 않다'라고 했다. 지난 45년간 미국 주식 시장의 수익률은 약 7%대로 오늘날까지 약 20배가 오른 셈이다. 하지만 만약 주식 시장이 가장 빠른 오름

세를 보인 25일을 놓쳤다면 수익률은 절반으로 줄어들었을 것이다. 즉 수익률은 매년 3.5%에 그치고 최소 80% 이상 손해를 본 것이나 마찬가지다. 그런데 그 25일이 언제인지는 아무도 알 수 없다. 현명한 투자자는 주식 시장에서 최저점과 최고점을 노리며 투기를 하는 사람이 아니라 꾸준히 투자하는 사람들이다. 이처럼 나쁜 운을 피하는 방법은 인내심을 발휘해 시간을 나의 친구로 만드는 것이다. 앞 장에서 언급한 트루먼 대통령 역시 계속되는 불행에도 언제나 미래를 위한 준비를 했다. 어떤 경험이든 그것을 잘 활용하면 재산이 되고, 잘 활용하지 못하면 시간 낭비가 된다. 뜻이 있는 사람은 과거의 경험을 성공을 위한 발판으로 만들 줄 안다. 트루먼의 성공 요인은 두 가지가 있는데 첫 번째는 불운의 시기를 묵묵히 견딘 인내심이고 두 번째는 과거의 사소한 경험들을 성공에 도움이 되는 재산으로 활용한 것이다.

트루먼이 대통령의 자리에까지 오를 수 있었던 또 한 가지 중요한 성공 요인은 바로 겸손함과 소박함이다. 영어에는 'humble'이라는 단어가 있다. 어떤 사람들은 이 단어를 '겸손하게 자신을 낮춘다'라고 해석하기도 하는데 사실 여기에서 낮춘다는 의미는 크게 중요하지 않다. 이 단어의 핵심은 '겸손'에 있다. 트루먼은 대통령이 되기 전, 루스벨트 밑에서 부통령으로 있었다. 그가 부통령이 될 수 있었던 건 겸손한 성품 덕분이었다. 루스벨트 대통령 주변에 똑똑한 사람은 많았지만 트루먼처럼 두루두루 많은 사람들의 인정을 받는 사람은 드물었기 때문이다.

1948년 트루먼이 연임에 도전할 당시 그는 운이 따르지 않는 것처럼 보였다. 그를 지지하는 사람들이 많지 않았고 여론조사에서도 줄곧 경쟁 상대인 듀이에게 뒤처져 있었다. 하지만 그는 지금까지 그래왔던 것처럼 운이 따르지 않는 상황에서도 인내심과 성실함으로 상대에 맞섰다. 트루먼은 선거구를 직접 찾아다니며 하루에도 몇 차례씩 연설을 했다. 어느 때는 청중이 몇 사람밖에 없을 때도 있었지만 그는 언제나 최선을 다했다. 결국 행운의 여신은 그의 손을 들어줬다. 당선 후에도 그는 성공에 자만하지 않고 늘 겸손했고, 그로 인해 인생 후반기에는 좋은 운이 많이 따를 수 있었다.

어떤 일에 성공하면 모든 것이 자신의 노력 덕분이고, 실패하면 무조건 운을 탓하는 사람들이 있다. 그들은 자주 운명이 불공평하다고 말한다. 주식 시장이 폭등할 때는 너도 나도 주식의 신이었다가, 폭락할 때는 무조건 시장 탓이고 자신은 운이 없는 희생양일 뿐인 것이다. 심지어 어떤 투기자들은 돈을 잃고 나서 정부를 상대로 보상해달라고 집단 행동을 하기도 한다. 성공했을 때 그동안 도움을 준 주변 사람들에게 감사하고 운명에 감사하는 마음을 갖는다면 불운이 닥쳤을 때도 상황을 태연하게 받아들이고 자기 자신을 더 정확히 돌아볼 수 있게 된다. 그동안 내가 만나온 성공한 사람들은 대부분 자신의 성공에 대해 운이 좋았을 뿐이라고 말했다. 그들은 절대 능력을 과시하거나 그동안 얼마나 많은 노력을 기울였는지 강조하지 않는다. 운의 힘을 믿으면 억울함은 줄어들고 성공에 한 걸음 더 가까이 다가갈 수 있다.

그러니 자기 자신에게 너무 가혹하지 말자. 충분한 인내심을 갖고 올바른 방향으로 꾸준히 노력한다면 좋은 운이 언젠가 찾아올 것이다. 그런데 아무리 노력해도 좋은 운이 찾아오지 않는다면 어떻게 해야 할까? 그럴 때는 존. F 케네디 대통령의 말로 위안을 삼자.

'거리낌 없는 양심은 유일하고 확실한 보상이다.'

모든 일은 진인사대천명盡人事待天命, 인간으로서 해야 할 일을 다 하고나서 하늘의 뜻을 기다린다 아니겠는가!

8장

식견을 논하다

"성공과 실패는 단순한 노력이 아니라 그 사람이 가진 식견의 높고 낮음에 따라 결정된다. 오늘날에는 교통과 통신 기술이 발달하면서 누구나 쉽게 식견을 높일 수 있게 되었다. 하지만 때로는 우리 마음속에 높게 쌓인 장벽이 식견을 가로막고 서 있기도 한다."

장자와
식견을 논하다

<실리콘밸리에서 온 편지>에 동서고금의 현자들에 관한 칼럼을 연재했는데 장자는 그중 내가 가장 먼저 소개한 인물이자 내 인생의 정신적 지주다. 이 장에서는 《장자》의 <소요유>와 <추수>에서 발견한 식견의 지혜를 나누고자 한다. <소요유>는 특히 도입부가 인상적이다. 내용을 간단히 소개하자면, 북해에 크기가 몇천 리나 되는 곤이라는 물고기가 있었다고 한다. 곤이 새로 변하면 붕이 되는데 붕의 등은 몇천 리나 되고 힘차게 날아오르면 날개는 마치 하늘에 걸린 구름처럼 보인다고 한다. 괴이한 것들을 기록한 《제해》라는 책을 보면 붕이 남해로 날아갈 때 날개가 수면에 닿으면 삼천 리의 파도를 일으키고 회오리바람과 함께 구만 리 고공에 날아오르며 6개월이나 쉬지 않고 날 수 있다고 한다.

마오쩌둥은 자신의 시에 이 글귀를 두 번이나 인용했다. 첫 번째 시는 <염노교·조아문답>으로 첫 구절에 '곤붕이 날개를 펼치니 구만 리였다'라고 썼고, 또 다른 시는 그가 젊은 시절에 쓴 것으로 마오쩌둥 본인도 이 두 구절만 기억한다고 한다. '인생은 이백 년이고 수면에 삼천 리 파도를 일으킬 수 있다고 스스로 믿는다.'

내가 《장자》를 처음 읽었던 학창 시절에는 이 부분을 읽고 나도 인생에서 뭔가 대단한 일을 해야겠다고 생각했었다. 그러나 요즘에 이 글을 다시 읽으면 작고 초라한 내 모습에 탄식하게 된다. 그동안 많은 일들을 겪으면서 세상에 나보다 뛰어난 사람들이 참 많다는 걸 깨달았고 나보다 앞서 있는 사람과 나의 격차가 얼마나 큰지도 알게 되었다. 앞으로 20년 후에 다시 이 글을 읽었을 때 어떤 느낌이 들지 아직은 알 수 없다.

장자는 〈추수〉에서 식견의 중요성을 강조했다. 〈추수〉의 도입부에는 여러 줄기의 강물이 황하로 흘러들어가는 모습이 묘사되어 있다. 황하의 신 하백은 흐뭇해하며 자기가 세상의 훌륭함을 독차지했다고 기뻐한다. 하백이 물결을 타고 동쪽으로 내려가다가 북해에 이르렀는데 거기서 동쪽을 보니 물의 끝이 보이지 않았고 그는 얼굴을 돌려 북해의 신에게 한숨 쉬며 말한다.

'옛말에 도에 대해 백 번을 들으면 저보다 나은 이가 없는 줄 안다고 하는 말이 나를 두고 하는 말이구나!'

큰 바다를 보고 한탄한다는 의미의 '망양지탄望洋之歎, 다른 사람의 위대함을 보고 자신의 미흡함을 부끄러워 한다'이라는 성어도 바로 여기에서 유래한 것이다.

성공과 실패는 단순한 노력이 아니라 그 사람이 가진 식견의 높고 낮음에 따라 결정된다. 그리고 식견의 높고 낮음은 우리 주변의 환경에 따라 결정된다. '여름 벌레에게는 얼음을 설명할 수 없고 편협한 지식인에게는 진정한 도의 세계를 설명해줄 수 없다'는 구절처럼 사람이 얼마나 멀리까지 갈 수 있느냐는 그 사람이 가진 식견에 달려 있다. 우리가 흔히 '훌륭한 스승 밑에서 훌륭한 제자가 나온다', '자기보다 유능한 사람과 어울려야 한다'는 등의 말을 하는 것도 다 식견을 높이기 위해서다.

20여 년 전, 스스로 음성 식별에 관해 국내 최고 전문가라고 자부하던 그때 일본에서 열린 국제 심포지엄에 참가한 적이 있었다. 나는 그곳에서 MIT, 카네기멜론대학교의 음성 식별 수준을 보고 망양지탄을 느꼈다. 그래서 당시 누리고 있던 모든 것을 포기하고 29세의 나이에 존스홉킨스대학교의 음성 식별과 언어 처리 실험실을 찾아가 박사 과정을 밟기 시작했다. 그곳에서 나는 세계 최고의 전문가들을 만나고 국내에서는 볼 수 없었던 기술을 접하며 시야를 넓힐 수 있었다. 만약 그때의 경험이 없었다면 나는 '여름 벌레'처럼 세상이 얼마나 넓고 큰 줄 모르고 살았을 것이다.

오늘날에는 교통과 통신 기술이 발달하면서 누구나 쉽게 식견을 높일 수 있게 되었다. 하지만 때로는 우리 마음속에 높게 쌓인 장벽이 식견을 가로막고 서 있기도 한다. 사람들이 열린 마음을 갖고 새로운 무언가를 받아들이는 것을 힘들어하는 까닭은 이미 자신의 성과와 환경에 만족하고 있거나 자신이 굉장히 대단한 사람이라고 믿고 있기 때문이다. 그러나 모든 일은 상대적인 것이다. 우리가 굉장히 크다고 생각하는 것도 더 큰 환경에 갖다 놓으면 보잘것없는 존재가 된다. 마찬가지로 <소요유>에는 시간의 길고 짧음도 상대적인 것이라고 나와 있다. 매미의 수명은 매우 짧지만 거북이의 수명은 매우 길다. 거북이는 500년을 봄으로 삼고, 또 500년을 가을로 삼지만 이 또한 대춘大椿, 8000년을 봄으로 삼고 또 8000년을 가을로 삼는 전설 속 장수 나무 같이 오래된 나무의 수명과 비교하면 짧다.

　좋은 일을 해서 칭찬을 들으면 득의양양해서 마음껏 뽐내고 싶은 마음이 든다. 그러나 이 일을 한 시대에 놓고 비춰보면 정말 아무것도 아닌 일이라는 걸 깨닫게 된다. 마찬가지로 우리 삶을 역사라는 긴 강에 놓고 보면 정말 한 순간에 불과하다. 사람들은 자신이 얼마나 바쁘고, 얼마나 중요한 일을 하고 있는지 떠들고 다니기 좋아한다. 그러면서 늘 시간이 없다고 자랑스럽게 말한다. 하지만 가만히 생각해보면 정말 그럴까? 정말로 중요하다고 생각하는 일도 일단 내 기준에서 벗어나 생각해보면 해도 그만 안 해도 그만인 일이 될 수 있다.

　2010년에 웨스트민스터 사원에 있는 뉴턴의 묘를 찾아갔었다.

그곳에는 뉴턴과 다윈처럼 세상을 바꾼 여러 인물들이 묻혀 있었는데, 사원 내부의 공간적인 제약 때문에 업적의 위대함과 상관없이 모두가 작은 묘비에 안치되어 있었다. 그곳에 서 있노라니 역사의 긴 강 앞에서 우리가 얼마나 미미한 존재인지 새삼 느껴지며 감개가 무량했다.

선견지명을 가지라는 말도 사실은 눈앞의 작은 일에 자만하지 말고 더 멀리 바라보라는 의미를 담고 있다. 하지만 그렇다고 무조건 크고 긴 것이 가장 좋은 것은 아니다. 더 크고 더 긴 것만 좇다 보면 정작 아무것도 이루지 못한다. 크고 작은 것은 분명 다르지만 각자 적합하게 맞아떨어지는 곳이 있다. 즉 어떻게 하면 적정한 정도를 찾아 서로 상부상조할 수 있게 하는지가 핵심이다.

나는 여가 시간이 생기거나 잘 풀리지 않는 문제가 생기면 《장자》를 꺼내 읽는다. 장자의 사고방식으로 생각하다 보면 내가 처한 문제에 대한 명쾌한 답을 얻을 수 있기 때문이다. 일이 잘 풀리지 않고 막막하다면, 한 번쯤 《장자》를 깊이 읽어보기를 권한다.

독서의
의미

어느 날 오후 동네에 있는 작은 도서관에 갔다가 《해리 포터》를 빌려가는 할머니 한 분을 만났다. 나는 호기심에 할머니에게 물었다.

"할머니도 이 책을 좋아하세요? 아니면 손주에게 빌려다 주시는 거예요?"

할머니는 본인이 읽으려고 빌린 거라고 대답하셨다. 할머니는 자신이 끔찍이 사랑하는 손자와 점점 함께 나눌 이야기가 없다며 안타까워하셨다. 손자와 전화 통화를 하며 안부를 물을 때마다 돌아오는 건 '잘 지내요'라는 짤막한 대답뿐이었다.

어느 날 할머니는 손자에게 요즘 어떤 책을 읽고 있냐고 물었고, 손자가 최근 《해리 포터》를 읽기 시작했다는 걸 알게 되었다. 할머니는 그 책을 읽어보기로 결심하고 도서관에서 1편을 빌렸다. 책을 다 읽고 나니 두 사람 사이에는 이야기할 거리가 조금 생겨났다. 할머니는 손자와 더 많은 이야기를 나누기 위해 2편도 읽어보기로 하고 책을 빌리러 왔던 것이다. 이런 결심을 하기 전에 할머니는 이 유명한 베스트셀러의 제목만 겨우 알고 있었을 뿐이었다.

할머니와 손자는 피가 섞인 가족이지만 사실 두 사람 사이에는 공통의 화제가 없었다. 하지만 이제 두 사람은 책의 내용에 대해 함께 이야기하며 진정한 관계를 만들어 나가고 있다.

독서는 인류의 영원한 화제다. 독서는 단순히 책 속의 문자를 통해 정보를 얻는 특별한 행위가 아니라 아주 일상적인 행위이며 우리는 독서를 통해 정보만 수집하는 것이 아니라 다양한 친구를 사귈 수도 있다.

벤자민 프랭클린은 그의 자서전에서 비슷한 일화를 소개했다. 프랭클린에게는 매우 영향력 있는 정치 라이벌이 한 명 있었는데 비록 자신의 정적이었지만 그는 그 사람을 지지했다. 그래서 프랭클린은 그 사람을 차라리 자신의 편으로 만들기로 마음먹었다. 이럴 때 보통 사람들은 상대방을 좋은 말로 설득하거나, 이치를 들어 설명하거나, 이익으로 유혹하거나 심지어 간청하는 방법 등을 생각할 것이다. 하지만 프랭클린의 방법은 굉장히 창조적이었다. 그는 그 어떤 말 대신 상대방에게 책을 빌려달라고 부탁했다. 상대방 역시 선뜻 그에게 책을 빌려줬고, 이로써 두 사람은 좋은 친구가 되었다. 어떻게 책을 빌리는 방법이 통할 수 있었던 것일까? 같은 책을 읽음으로써 두 사람에게 공통의 화제가 생겼기 때문이다. 협력이든 이익이든 이러한 기반을 쌓은 후에 이야기한다면 원만한 대화가 이루어질 수 있다. 똑똑한 사람이 똑똑한 사람을 알아본다는 것은 사실 깊이 있는 교류의 결과라고 할 수 있다.

물론 책을 읽는 목적이 단순히 친구를 사귀기 위함이어서는 안 된다. 이것은 지나치게 실리적인 생각이다. 우리가 책을 읽는 중요한 목적 중 하나는 현재의 생활 방식을 변화시키는 데 있다. 특히 인터넷의 등장으로 지식의 습득이 쉬워진 오늘날, 역설적으로 독서의 중요성은 그 어느 때보다 높아지고 있다.

사람들은 매일 일정표를 가득 채워놓고는 늘 바쁘다고 불평이다. 그러면서 정작 자신이 시간을 어디에 썼는지 잘 모른다. 점점 일의 효율을 높여줄 도구들이 많이 생겨남에도 불구하고 효율은 전혀 높아지지 않고 오히려 많은 사람들이 수면 부족과 불면에 시달린다. 메신저에 등록된 친구의 수는 점점 늘어나지만 마음을 터놓고 이야기할 수 있는 진짜 친구는 줄어들고 있다. 우리는 매일 수많은 영상과 소식들을 접하지만 그 내용들은 우리 삶에 어떤 영향도 주지 못하고 보름도 채 지나지 않아 머릿속에서 사라져 버린다.

이러한 현상들이 나타나는 배경에는 두려움이 자리하고 있다. 사람들은 늘 무언가를 놓칠까 두려워한다. 어디에서 무엇을 하고 있든 중요한 정보든 기회든 하나라도 놓칠세라 전전긍긍한다. 언제나 더 많은 즐거움을 찾고, 더 많은 풍경을 보며, 더 많은 음식을 맛보고 싶어 한다.

소크라테스는 인생을 제대로 살피고 성찰하지 않는 사람은 살아갈 가치가 없다고 말했다. 그러면서 인생을 살피고 성찰하기 위해서는 삶에 여유가 필요하다고 강조했다. 오늘날 지식과 정보를 얻을 수 있는 방법은 매우 다양해졌지만 이러한 것들이 인생의 성찰을 도와주지는 않는다. 오히려 삶의 여유를 빼앗아 가만히 성찰하는 것을 어렵게 만든다. 그러나 독서라면 이야기가 달라진다. 종이로 된 책을 집중해서 읽기 위해서는 하고 있던 다른 일들은 모두 멈춰야 한다. 이렇게 다른 일들을 손에서 내려놓으면 비로소 인생의 성찰이 가능해진다. 그러므로 독서는 우리 인생을 성찰할 수 있게 해주는 좋은 방법 중 하나다.

좋은 책은 자기 자신을 돌아보고 세상을 올바로 인식하게 해주며, 풀리지 않을 것만 같은 문제를 해결해주기도 한다. 다시 말해 책은 우리를 더 나은 사람으로 만든다. 내가 과학 연구자의 길로 들어서게 된 것도 어쩌면 두 권의 책 덕분이다. 어린 시절 아버지가 《지구》라는 과학책을 빌려온 적이 있었다. 그 책은 천문지리에 관한 것이었는데 당시 나는 글자를 읽지 못했기 때문에 아버지가 내용을 설명해주셨던 기억이 난다. 그때 처음으로 우주가 인간이 관찰할 수 있는 범위를 뛰어넘는 공간이라는 것을 알게 되었고 그 책 덕분에 이 세상에 대한 호기심과 무한한 상상의 공간을 갖게 되었다. 게다가 당시에는 책의 내용을 여러 번 되새겨 볼 여유도 있었다. 초등학교를 졸업할 무렵에는 조지 가모브의 《1, 2, 3 그리고 무한》을 읽고 수학에 더 흥미를 갖게 되었다. 그 전까지는 수학을 그저 교과서에 나오는 문제로만 접했을 뿐 체계를 이해하지는 못했다. 물론 당시에도 책의 내용을 완벽히 이해한 건 아니었다. 나중에 과학을 더 공부하고 나서 다시 책을 읽었을 때 비로소 모든 내용을 이해할 수 있었다. 가모브는 미국 국적을 가진 러시아 출신의 유명한 물리학자로 빅뱅 이론과 핵합성 이론을 세상에 내놓았다. 비록 그를 직접 만나지는 못했지만 나는 책을 통해 그가 수학을 어떻게 이해하고 있는지 알 수 있었다.

오늘날은 지식 폭발의 시대다. 서점에는 책이 너무 많아 고르기 힘들 정도다. 어떤 사람들은 책 한 권으로 자신의 사고방식과 태도, 나아가 인생에 변화가 일어나기를 바라기도 한다. 하지만 처음부터 명확한 목적을 가지고 읽을 책을 고르면 기대한 효과를 얻기 어려울 수도 있다. 수많은 자기계발서와 인스턴트식 책들이 특히 그렇다. 이런 책들은 제목이나 소개글만 봐도 마음이 움직이고, 마치 이 책만 읽으면 환골탈태하여 새로운 인생을 살 수 있을 것 같은 생각이 든다. 하지만 결국 하나도 틀린 말이 없는 책의 내용이 사실은 완전히 무용하다는 것을 깨닫고 허망해진다. 책을 통해 얻고자 하는 목적과 별개로 독서는 그 자체가 하나의 생활 방식이 될 수 있다. 온갖 첨단 과학기술로 점철된 오늘날 우리가 숨을 고르고 두뇌를 가동해 생각할 수 있도록 해주며 편협한 사고에서 벗어나 사상이나 여론의 지배를 받지 않도록 도와준다.

얼마 전 옥스퍼드대학교 역사에 관한 글을 읽게 되었다. 옥스포드대학교의 성 에드먼드13세기 캔터베리 대주교의 말이 적혀 있었는데, 내게는 이 말이 독서의 의미에 대한 또 다른 해석으로 읽혔다.

'Study as if you were to live forever, live as if you were to die tomorrow영원히 살 것처럼 공부하고, 내일 죽을 것처럼 살아라.'

성장을

꿈꾸는

너에게

우리는 18세기 사람들보다
행복하게 살고 있을까?

오늘날 대부분의 사람은 초, 중, 고등학교 12년에 대학교 4년까지, 최소 16년을 공부한다. 이 시간은 대학원에 진학할 경우 더 늘어난다. 그래서 대부분 25살이 넘어서야 첫 직장을 갖는데 인생의 1/3이라는 시간이, 어쩌면 인생에서 가장 좋은 1/3의 시간이 이렇게 사라져버린다. 사회에 나온 후에도 보통의 직장인들은 규정에 따라 매주 40시간을 일해야 한다. 그마저도 최소 노동 시간일 뿐, 규정된 시간보다 훨씬 더 많은 시간을 일하는 것이 대부분이다. 우리는 왜 이렇게 힘들게 일하는 걸까? 아마 조금 더 나은 삶을 누리기 위해서 일 것이다. 하지만 열심히 일해서 삶이 정말 더 나아졌는가? 현실은 너무 바빠 이 문제에 대해 제대로 생각해 볼 시간조차 없다.

나는 때때로 모두가 잠든 조용한 밤에 이 문제에 대해 곰곰이 생각해보곤 한다. 과연 우리는 몇백 년 전 사람들보다 더 나은 삶을 누리고 있는가? 물질적인 생활과 건강 수준만 놓고 보면 우리 삶의 질은 과거보다 크게 향상되었다. 산업혁명과 그 이후 몇 차례의 기술혁명으로 인해 오늘날 인류는 많은 것을 누리며 산다. 현재 인간의 평균 수명은 과거 최고의 삶을 누린 제왕들보다도 훨씬 늘어났고 못해도 과거 보통 사람들의 두 배 가까이 될 것이다. 비록 오늘날 많은 사람들이 미세먼지에 대해 불평하고 식품 안전 문제를 걱정하지만 산업혁명 이전에는 도시든 농촌이든 지금보다 훨씬 더 엉망이었다.

하지만 제인 오스틴의 소설 《오만과 편견》이나 《에마》를 읽어보면 삶의 질은 당시 사람들이 더 높았다는 것을 알 수 있다. 주인공들은 대궐 같은 집에 살면서 매일 여유로운 생활을 즐긴다. 공부나 일에 대한 압박도 전혀 없다. 물론 그들이 당시 모든 사람의 삶을 대표하는 것은 아니지만, 오늘날 더 많은 부를 가진 사람들도 소설 속 주인공만큼 여유로운 삶을 누리지는 못한다. 그들이 얼마나 많은 부를 가졌느냐가 아니라 그들이 매일 어떤 삶을 살고 있는지를 살펴보면 오늘날 부자의 인생도 그리 행복하지만은 않다는 것을 알게 될 것이다. 가끔씩 중국 최고의 부자들이 나를 찾아와 자신의 속내를 털어놓곤 하는데 그들 대부분이 사업을 시작하고 짧게는 몇 년, 길게는 몇십 년 동안 고된 업무와 불안에 시달려왔다고 한다. 꼭 사업을 하는 사람이 아니더라도 마찬가지다. 직장에서 지친 몸을 이끌고 집에 돌아가도 일상에서 오는 여러 가지 압박 때문에 마음이 늘 피곤한 사람이 많다. 오늘날 대부분의 사람이 이렇게 바쁘고 지친 상태로 일생을 살아간다.

중국인 중에는 '귀족'이라는 단어를 입에 달고 사는 사람들이 있다. 그들은 이제 상당한 부를 얻었으니 자신을 단순한 부자가 아닌 귀족처럼 대해주기를 바란다. 오늘날 세계적으로 귀족은 화석과 같은 존재가 되었다. 미국은 세계에서 가장 부유한 나라지만 지금까지 이 나라에 귀족이라는 존재는 없었다. 워싱턴, 제퍼슨 같은 영주나 리빙스턴 같은 사업가 가문은 굉장히 부유하고 정치적으로도 상당한 영향력을 미쳤지만 유럽의 귀족과는 달랐다. 그 이후 탄생한 산업의 거장 듀폰, 록펠러 등의 인물 그리고 현대 과학기술의 발전을 이끈 빌 게이츠와 래리 앨리슨 같은 인물도 모두 귀족은 아니었다.

귀족은 그들이 누리는 물질적인 부와 마땅히 갖춰야 하는 정신이라는 두 가지 측면에서 이해해야 한다. 정신적인 측면에서 귀족을 이해하려면 귀족의 세 가지 근본에 대해 먼저 알아야 할 필요가 있다. 바로 군사적 책임, 지역 치안 유지에 대한 의무, 사회적인 체면 유지다. 귀족들은 과거 한 지역의 군대를 통솔하는 군정 장관으로 대외적으로는 외부의 적으로부터 시민들을 보호하고 대내적으로는 지방 사무를 관리했다. 그래서 귀족들은 어려서부터 군사와 정치에 대해 배우고 공부했으며 그들은 이 과정에서 긍지와 책임감에 대해 이해하고 헌신의 습관을 길렀다.

18세기에는 생활 리듬이 오늘날처럼 빠르지 않았고 귀족들은 언제나 침착함과 우아함 그리고 자율성을 지키기 위해 노력했다. 이것은 돈과는 크게 관계가 없는 것이다. 겉으로 보이는 귀족의 기품과 자신감은 그들이 가진 강한 책임감과 긍지에서 비롯된 것이다. 이것은 행복한 인생을 위한 기본 원칙이기도 하다. 만약 당신이 18세기 귀족처럼 내면에 책임감과 긍지를 품고 평소 침착하고 우아하게 생활하며 위험한 순간에도 태연함을 잃지 않는다면 어떨까? 분명 모두의 존경을 받고 스스로도 행복을 느끼며 살아갈 것이다.

과학기술의 발달은 사람들의 시간을 더 많이 빼앗는 것이 아니라 더 많은 사람들이 우아하고 편안한 생활을 누릴 수 있게 해줘야 한다. 이것이 내가 꿈꾸는 기술 발달의 긍정적인 결과다. 물론 우리 스스로도 인생의 가장 중요한 목표는 행복이라는 사실을 잊으면 안 된다. 다른 것들은 행복이라는 목표에 도달하기 위한 수단에 불과하다. 오늘날 우리는 물질적인 궁핍을 크게 걱정하지 않아도 되는 시대에 살고 있다. 만약 우리가 매일 '책임, 긍지, 여유, 우아, 침착' 이 다섯 개의 단어를 마음에 새기며 산다면 18세기 귀족들보다 행복한 삶을 살 수 있을 것이다.

성장을

꿈꾸는

너에게

죽음을 향해
살아가다

이 글은 죽음에 관한 내용이라 다소 무겁게 느껴질 수도 있다. 하지만 나는 아버지가 돌아가신 이후 줄곧 죽음을 향해 살아가고 있다. 이러한 생활 태도를 갖는다고 내 생명이 조금이라도 줄어드는 것은 아니다. 오히려 일과 삶의 효율이 예전보다 더 높아졌다.

대학교 때 한 친구가 이런 말을 했다.

"진시황이 이런 명언을 남겼어. '잘 죽는 것이 구질구질하게 사는 것보다 낫다!'"

당시 나는 이 말을 듣고 박장대소했다. 하지만 한참 웃고 나서 생각해보니 그의 말이 틀리지 않았다. 진시황이 정말로 이런 말을 했는지 증명할 길은 없지만 진시황의 행보를 살펴보면 그가 줄곧 이런 생각을 갖고 있었다는 것을 알 수 있다. 동서고금을 막론하고 이런 생각을 가진 사람들은 많았다.

2013년 구글이 칼리코구글이 설립한 바이오회사로 항암과 수명연장 관련 연구에 주력하고 있다를 설립했을 때 사람들은 래리 페이지가 왜 구글의 주력 분야도 아닌 곳에 거액의 돈을 투자하는지 의아해했다. 이에 구글의 연구개발 총책임자이자 상하이 대표 시샤오후는 이런 농담을 했다.

"사람이 돈이 생기면 불로장생을 꿈꾸게 되는 법이지."

아니나 다를까. 그 주 타임지 표지에는 '구글이 사람을 죽지도 못하게 만드는가'라는 제목과 함께 이와 관련된 기사들이 대서특필 되었다.

세상에 죽음을 달가워하는 사람은 없다. 하지만 한 가지 분명히 알고 있어야 할 사실은 사람은 언젠가 죽는다는 것이다. 일부 부자들은 거액의 돈을 투자해 노화를 일으키는 유전자를 찾아 노화를 막아보려는 시도를 한다. 하지만 이런 노력은 당분간 좋은 결과를 얻기 힘들 것이다. 나는 존스홉킨스대학교, MIT, 휴먼롱제비티, 미국국립보건원, 제넨텍, 칼리코의 전문가들을 초청해 유전자 편집 혹은 유전자 복원으로 수명의 한계최신 연구에 따르면 정상적인 인간의 수명 한계는 115세다를 극복할 수 있겠냐고 물었다. 그들의 대답은 모두 부정적이었다. 전문가들의 말을 빌리면, 노화는 인간의 신체 전체를 서서히 무너뜨리는 것이라고 한다. 마치 구멍이 숭숭 뚫려 언제든 무너질 것 같은 벽처럼 말이다. 유전자 한두 개를 바꿀 수는 있지만 그래봤자 벽에 뚫린 구멍 한두 개를 막는 것에 불과하다.

철학적인 측면에서 보면 죽음은 결코 두려운 것이 아니다. 예전에 아인슈타인과 그의 친구가 나눈 대화를 읽은 적이 있는데, 그글에서 아인슈타인은 죽음에 대한 사람들의 두려움은 전혀 근거가 없는 것이라고 말했다. 그것은 '유'의 세계에 서서 '무'의 세계를 이해하려는 것이고, '유'의 논리로 '무'에 대한 두려움을 갖는 것이라고 했다. 유의 세계에 사는 사람이 무의 세계에 대한 두려움을 갖지 않으려면 의미 있는 행동을 많이 해야 한다.

사람의 숙명에 관해서는 개인적으로 중국의 철학자 저우궈핑의 태도를 좋아한다.

'세상은 사람들이 한 줄로 길게 늘어서서 죽음에 다다를 때까지 멈추지 않고 계속 앞으로 나아가는 것이다. 그런데 이때 남자와 여자가 웃으며 이야기를 나누기 시작한다. 그러자 더 많은 사람들이 동참하기 시작하고 이내 무리는 기쁨으로 가득 찬다.'

우리 인생은 바로 이런 것이 아닐까.

죽음을 제외하고 인생에 큰 어려움은 없다는 말이 있다. 아버지가 세상을 떠나고 나는 이 말을 깊이 이해하게 되었다. 살면서 어려운 일이 생길 때마다, 실패하고 좌절할 때마다 나는 생각한다. 나는 아직 살아있으니 괜찮다, 살아있으면 분명 희망이 있다고 말이다. 금융위기가 닥쳤을 때 나는 매일 20%의 재산 손실을 겪었다. 그렇게 몇 달 동안 위기는 쉬지 않고 닥쳤다. 당시 재무를 관리해주던 전문가들을 포함해 모든 사람이 발을 동동 구르며 어쩔 줄

몰라 했다. 하지만 나는 그런 상황에서도 평소처럼 밥도 잘 먹고, 잠도 잘 잤다. 불안해하는 사람들에게 괜찮다고, 우리는 아직 살아있으니 살아있는 한 희망이 있다고 말했다. 매일 아침 눈을 뜨면 나는 창문으로 새어 들어오는 빛을 보며 오늘도 살아있음에 감사한다.

살아있다면 무슨 일이든 해야 한다. 그러나 사람은 언젠가 죽기 때문에 세상 모든 일을 다 해볼 수는 없다. 그럼 어떤 일을 해야 할까? 먼저 나는 우리 아버지보다 더 오래 살아야겠다는 욕심이 없다. 그래서 내게 남은 시간이 대략 얼마 만큼이고 그동안 어느 정도의 일을 할 수 있을지 가늠하기 쉽다. 그 다음으로 나는 해야 할 일들을 목록으로 작성해 가장 중요한 일부터 시작한다. 어떤 일들은 당장 해야 할 것처럼 중요해 보이지만 곰곰이 생각해 보면 해도 되고 안 해도 되는 일인 경우가 많다. 일생을 놓고 봤을 때 포기해도 전혀 지장이 없는 일들이다. 인생에서 반드시 해야 할 일과 하지 않아도 되는 일에 대해 나는 나만의 기준을 갖고 있다.

우선 많은 시간을 투자해야 함에도 불구하고 사회나 역사에 큰 도움이 안 되는 일들은 과감히 포기한다. 종종 내가 왜 텐센트를 떠났는지, 구글을 떠났는지 궁금해 하는 사람들이 있다. 사실 내가 두 회사에서 하던 일들은 내가 하지 않아도 다른 사람들이 충분히 할 수 있는 것들이었다. 그런 일에 내 소중한 시간이 너무 많이 들어갔다. 한편 내가 아니면 아무도 할 수 없는 일들도 있다. 예를 들면 내가 가진 지식과 생각을 글로 쓰는 일 등이다. 이처럼 남들이 나 대신 할 수 없는 일을 우선순위에 두고 실천한다. 목록에 있는 일들을 다 하려면 남은 생명의 두 배의 시간이 있어도 모자랄 것이다. 아침저녁으로 쉬지 않고 일을 해도 다 끝내지 못하는데 나를 대신해 누구나 할 수 있는 일까지 하고 있을 시간이 어디 있겠는가!

마찬가지로 내 인생에 남은 시간이 어느 정도인지 늘 생각하며 살기 때문에 사람들과의 만남 역시 명확한 기준을 두는 편이다. 중국 출장을 갈 때면 한두 시간만 이야기할 시간을 내달라거나 식사 한 번만 하자고 부탁하는 사람들이 많지만 나는 대개 이런 부탁을 거절한다. 그들에게 한두 시간이야 별 거 아닐 수도 있지만 내게는 남은 생명의 일부가 사라지는 것이다. 중간에서 말을 전하는 친구들이 난처해지지 않도록 일이 있으면 나를 찾아와도 좋지만 얼마나 중요한 일인지를 따져서 응대하겠다는 규칙을 세웠다.

많은 사람들이 죽기 전 몇 주는 그토록 소중하게 생각하면서 정작 그 이전의 몇십 년은 소홀하게 보낸다. 젊고 건강할 때 낭비한 시간이 어디 몇 주에 그치겠는가? 친구들과 술을 마시거나 휴대폰을 보면서 빈둥거리는 시간의 1%만 할애해 효도를 해도 사는 동안 효도하는 시간이 몇 달은 늘어날 것이다. 부모 역시 바쁘게 일하는 시간의 5%만 자녀에게 할애해도 가족과 보내는 행복한 시간이 몇 배는 늘어날 것이다. 그러므로 소중한 생명을 평소 조금씩만 아껴 의미있게 쓰자. 우리가 죽음을 인지하고 매일, 매 시간을 소중하게 보낸다면 정말 멋진 삶을 살 수 있을 것이다.

옮긴이 _이지수

중앙대학교 국제대학원 한중 전문통번역학과를 졸업하고 현대자동차에서
전문 통번역사로 일했다. 현재는 번역 에이전시 엔터스코리아에서 출판기획
및 중국어 전문 번역가로 활동하고 있으며, 주요 역서로는 《어떻게 살아야
할지 막막한 너에게》, 《기질 속에 너의 길이 있다》, 《내 인생 내버려 두지 않
기》, 《사소한 것들로부터의 위로》, 《나만의 무기》, 《인생의 6년은 아빠로 살
아라》 등이 있다.

성장을 꿈꾸는 너에게

열심이
답이
아닐 때
읽는 책

초판 1쇄 발행 2021년 3월 17일
초판 2쇄 발행 2021년 4월 12일

지은이 우진 吳军
옮긴이 이지수
편집자 김은지
디자인 이수빈

펴낸곳 해와달 출판그룹
브랜드 오월구일
출판등록 2019년 5월 9일 제2020-000272호
주소 서울특별시 마포구 양화로 183, 311호
E-mail info@hwdbooks.com

ISBN 979-11-967569-8-7